KB267373

삼성&도요타 창조경영

정철화 지음

일본능률협회컨설팅(한국법인) 부회장, 산업공학박사

19세기를 되돌아보면 대부분의 위대한 발명가들이 경제적으로 실패했다는 사실에 충격을 받는다. 이는 그들이 창조는 했지만 경영을 할 줄 몰랐기 때문이다. 에디슨은 19세기 가장 위대한 발명가였지만 경영을 할 줄 몰랐기 때문에 어려움을 겪었다.

대부분의 기업 CEO에게 2007년 경영의 화두를 말하라고 하면 창조경영이라고 언급한다. 기업의 평균 수명은 지난 한 세기 동안 놀라운 속도로 줄어들었다. 1935년에 90년이었던 기업의 평균 존속 연도가 20년만인 1955년에는 45년으로 절반이 줄었고, 1975년에는 다시 30년까지 떨어졌다. 지난 1995년에는 22년까지 내려와 급기야 2005년에는 평균 15년 수준이 되었다. 이와 같이 급변하는 환경하에서는 기업 수명을 연장하는 노력이 제일 필요하며 이를 해결해 주는 것이 창조경영이다.

디즈니월드가 문을 열었을 때 월트 디즈니는 이미 죽고 없었다.

그 행사장에서 아내가 그를 대신하여 연설하게 되었는데 청중 앞에 그녀를 소개한 사람이 "디즈니 여사, 디즈니 씨가 이것을 볼 수 있었다면 얼마나 좋았을까요?"라고 말하자 그녀는 대답했다. "그 양반은 우리보다 먼저 보고 가셨답니다."

월트 디즈니의 경우처럼, 창조경영은 미래에 미리 가서 보고 절박함을 현재로 가져와 여유가 있을 때 창조적 발상과 혁신을 하는 것이다.

창조경영은 보험이라고도 한다. 이를 제대로 하지 않는 것은 농부가 배가 고프다고 뿌릴 종자를 먹는 행위와 같다. 창조경영은 빌 게이츠의 고백처럼 "나는 세상에서 가장 신나는 직업을 갖고 있다. 매일 일하러 오는 것이 그렇게 즐거울 수가 없다. 거기엔 항상 새로운 도전과 기회와 배울 것들이 기다리고 있다. 만약 누구든지 자기 직업을 나처럼 즐긴다면 결코 탈진하는 일은 없을 것이다"라는 말을 하는 사람이 많아지게 한다.

변화의 중심에 서기 위해서 새로운 제품, 새로운 사업을 개발해내는 것이 창조경영이라고 하지만, 이것만이 아니다. 혁신을 통해 현재의 업무를 개선하고 기술이나 품질 개선이 되는 것도 창조경영의 결과라고 할 수 있다.

기업이 생존하느냐 사라지느냐는 지속적으로 혁신하고 있느냐 정체되고 있느냐에 따라 좌우된다고 한다. 혁신을 한다는 것은 체질을 바꾼다는 뜻이고 바꾸지 않으면 성형수술이라도 해야 살아남는 시대이다.

삼성그룹은 13년 전에 신 경영을 주창하여 타성에 벗어나고 아내와 자식 빼고는 전부 바꾸라고 했다. 바꾸는 것을 힘들어 하니까 전부 버리라고 했다. 그 결과 이제는 세계 1등 제품을 20개 이상 보유한 창조적 기업으로 거듭났다.

버린다는 것은 버리고 나서 빈 곳에 새로운 것을 채워 넣음을 의미한다. 새로운 아이디어에 열린 자세로 임하기 위해서, 먼저 과거에 있던 아이디어나 생각들을 글을 통해 다 쏟아내고 두뇌를 완전히 비워두어야 한다. 비워야 할 아이디어는 기존에 자리를 차지하고 있었던 레디-메이드, 즉 이미 존재해 있는 답이나 머릿속에 각인된 정의들일 것이다.

우리의 두뇌에서 앞서 말한 것들을 비워버리기만 하면, 그다지 명확하지 못하여 떠오르지 않는 아이디어조차도 재빨리 캐치할 수 있을 만큼 훨씬 자유로워져 있을 것이다. 그동안 채워져 있는 고정관념 때문에 보이지 않던 문제들도 문제로 보이고 그것들을 해결하고 싶다는 목표가 나타나게 될 것이다.

그러나 처음에는 훈련되지 못하여 그다지 현실성이 없고, 별로 상관관계를 갖지 못한 아이디어로 나타날 것이다.

하지만 이러한 아이디어는 종국에는 흔히 가장 우수하고 새로운 아이디어로 발전하여 인정받을 것이다. 왜냐하면 그것들은 당신이 가지고 있는 지식 정보나 전문 정보의 상승 작용, 현명한 통찰력과 결합되어 새로운 시각에서 경쟁력 있는 신상품이나 신사업을 수행할 수 있는 아이디어를 줄 것이기 때문이다.

새해 들어 새로운 경영 패러다임으로 창조경영이 화두가 되고 있다. 실제 삼성그룹, 동부그룹, 웅진그룹, 기업은행 등 국내 여러 기업이 창조경영을 펼치고 있으며, 그 관심은 날로 뜨거워지고 있다. 그러나 아직 시작 단계여서 어느 기업이나 나아갈 방향에 대해 머리를 맞대고 연구하고 있다. 창조경영에 대한 새로운 패러다임을 보다 더 신속하게 정착시키고, 한국기업들 중 창조경영의 성과를 내는 기업들의 사례를 소개하여 시행착오를 줄이고 글로벌 경쟁력을 갖는 데 일조를 하도록 이 책을 활용하기를 바란다.

이 책이 빛을 보도록 도와주신 도서출판 무한 손호근 사장과 모든 직원에게 감사드린다. 그리고 일본능률협회컨설팅 한국법인 임직원에게도 감사드린다. 특히 매일 아침 기도로 후원해 주신 어머니, 장모님, 아내에게 감사드리고, 아빠의 꿈과 희망인 은경, 호경 두 딸에게도 고마움을 전한다.

정철화

목 차

2. 삼성의 변신술, 혁신과 창조경영을 배운다

3. 21세기 생명력인 창조력

4. 창조경영의 실천적 전개

왜 창조경영인가?

한국 기업들도 최근에는 세계 1등 제품들을 속속 출시하고 있다. 서서히 글로벌 초일류 기업으로서 위상을 정립하고 있다고도 할 수 있다.

그러나 일부 대기업을 제외하고는 기업들이 아직은 독창적인 사업이나 제품을 내기보다는 선진 기업이나 국내 타사의 제품을 모방하여 특허를 비켜가는 연구에 힘을 들이고 있는 모방경영이 대부분이다. 따라서 한국 기업들이 경제적인 번영을 계속하고 글로벌 기업으로 한 단계 도약하기 위해서는 조직 속에서 창조력을 비약적으로 향상시켜 기술 개발력을 강화하고 높이는 것이 중요한 과제이다.

이러한 과제를 해결하기 위해서 무엇보다 경영자 자신이 창조경영에 관심을 가지고, 전략을 세우고 실천해야 한다. 창조력은 어느 특정 부서에만 필요한 것도 아니고 특정 계층에만 국한된 것도 아니다. 경영자, 관리자, 생산직, 기술직 영업직 등 전 직원에게 요구되는 능력이다.

창조경영이란 비즈니스 성장을 위한 촉매제 역할을 하는 경영혁신의 신개념이다. 기업의 마케팅파워를 이용하여 외부의 새로운 시장을 창조하기 위해 회사의 모든 혁신활동을 고객의 욕구에 직접적으로 연결시키는 전사적 활동이다. 그리고 창조력을 이용하여 기업의 하드 측면, 즉 사업이나 제품을 변화시키고 현재하고 있는 일을 프로세스 측면에서 효율화하며, 전 직원의 마인드가 모방형에서 창조형으로 전환하는 것을 의미한다.

이제까지 창조력 개발에 대해서는 해외에서 도입한 많은 기법들이 소개되었지만 그 수법만 배우는 데 그치고 그것을 경영과 연결하여 활용하는 것에는 별로 관심이 없었다. 그동안 선진의 것을 모방만 해도 먹고 살았으니까, 가능한 정보수집에 최선을 다하여 남보다 빨리 선진기술을 입수하여 상품화하는 데 힘을 집중해 왔다.

그러나 이러한 모방 경영은 글로벌 초일류 기업이 되는 데 저해요인이 되었다. 기반기술 없이 조립, 생산기술만 가지고는 이제 중국 기업에 당할 수 없다. 또한 선발기업이 이미 시장을 장악하고 있기 때문에 시장 확대도 어렵고 부가가치도 낼 수 없다.

성장성이 있는 제품이 출시되면 너도나도 모방하여 시장에 나오므로 보다 더 독창성을 가지지 못하면 시장에 출시하기도 전에 제품의 수명이 다 하기도 한다.

기술의 차이가 클 때에는 경계심 없이 기술지원 계약이 되었지만 이제는 돈이 있어도 기술을 도입하기 어려운 시대가 되었다. 세계 1등이 되고 나면, 새로운 길을 찾아 나서지 않으면 길을 가르쳐 주는 사람이 없다. 자사 나름의 문화와 기술을 개발하여 독자적인 길을 만들어 나가야 한다. 장기적으로 먹고 살 수 있는 기술이나 제품이 필요한 것이다.

모방은 안이한 경영이고 영원히 2류에서 벗어 날 수 없는 경영이다. 반면에 창조경영은 혁신을 통해서 부가가치를 증대시키고 새로운 기술이나 제품을 만드는 것이다. 기업 활동을 대상으로 과학적 입장에서 창조력을 세계 최초로 교육시킨 회사는 제너럴 일렉트릭이다. 엔지니어를 위한 코스를 만들어서 주로 기술자를 교육시켰다. 그 결과 이수한 사람과 그렇지 않은 사람과의 특허 등록 건수가 3배나 차이가 났다. 그 후 오스본(Alex F. Osborn)이 브레인스토밍 기법을 발표하고, 그동안 기술자나 연구소 직원중심으로 교육하다가 일반 직원들에게도 창조적 발상에 대한 교육을 확대하였다. 이러한 기법이 일본에 전해져 KJ법이나 NM법 등이 개발되었으며 최근에는 러시아에서 개발된 TRIZ기법이 많이 활용되고 있다.

지금까지는 젊은 사원에게 수법을 익히도록 하면 된다는 정도로 기업경영에서 창조력 문제를 가볍게 취급해 온 것이 사실이다. 그러나 이제는 창조가 단순한 수법 문제가 아니라 기업의 생존을 좌우하는 경영의 문제이다. 창조를 경영의 과제로 취급하지 않으면 격심한 경쟁에서 살아남는 방법이 없는 것이다.

경제개발 계획의 실천으로 '한강의 기적'을 보여 주고 세계에서 유례없는 높은 성장을 이룩하는 등 그간 한국인들과 한국 기업들은 '창조'라는 측면에서 탁월한 능력을 보여 왔다. 창조력은 아이디어 창출과 신상품 개발을 통해 삶의 질을 향상시킬 뿐 아니라 국가의 부를 늘리고 국가 브랜드 가치를 높이는 효과를 지닌다. 지식과 기술의 활용과 확산을 통해 산업을 활성화하고 고용 확대와 성장률 제고에 기여함은 물론이다. 무자원국인 우리에게 창조력이 절심함은 바로 이 때문이다.

그런데 급속히 변화하는 외부 환경으로 인해 '불연속성(discontinuity)'에 대비해야 할 필요성이 점점 커지고 있는데도 대기업들 대부분이 이른바 '문화적 폐쇄성'이라는 함정에 빠져, 다음 단계로 도약하기 위해 필요한 '새로운 창조'에 대한 대비를 전혀 하지 않고 있어 심각한 문제이다. 창조경영은 역동적인 한국의 경제 환경에 불어 닥칠 '파괴의 폭풍'을 슬기롭게 극복할 수 있는 매우 효과적인 해결책임을 다시 한 번 잘 인식해야겠다.

창조경영의 범위가 달라졌다

종래에는 창조성을 경영의 레벨에서 생각하지 않았다. 창조적 발상이나 아이디어를 얻는 등 개선에 대한 직원들의 참여의식 수준을 높이는 정도로 생각했다.

그러나 이제는 그 아이디어를 실행하고 사업화하여 이익을 낼 때까지의 제반 과정을 창조경영이라고 한다. 실제 경영에서는 아이디어를 내는 것만으로는 돈과 연결시킬 수 없다. 그 아이디어를 검증하고 시장성이나 비용까지 체크하여 상세 계획을 만들고, 그것을 상사에게 보고하여 투자금액을 결정하게 하고, 실행하여 이익을 내는 데까지가 창조경영이다.

아이디어를 실제로 제품화하고 사업화하는 데는 많은 난관이 있다. 가능성은 있지만 투자금액을 조달하기 어려워 실행하지 못하는 경우도 많다. 제품화에 가까스로 성공했지만 마케팅 능력이 없어 팔지 못하여 헐값에 특허권을 처분해야 하는 아픔도 있다.

아이디어는 좋지만 이러한 장애들을 극복하지 못해 중간에 실행이 늦어지고 있을 때, 같은 아이디어를 가진 경쟁사는 경영능력을 집중하여 제품화와 상업화에 성공하는 경우도 있다.

기존에 없던 창조적 사고나 발상에 대한 경영상의 지원 시스템이 없으면 그것은 각자 개인의 머릿속에서 잠자게 된다. 창조란 혁신과 연결되어 있으므로 고정관념을 깨고 가죽을 벗는 아픔이 수반되는 것이다.

기업에서의 창조활동은 3가지로 분류된다. 개인에 의한 활동과 TFT(Task Force Team)활동, 그리고 조직에 의한 활동이 그것이다. 개인에 의한 창조활동은 제안제도나 자신의 업무 속에서 창조활동을 하는 것을 의미한다.

TFT활동은 특별한 테마를 회사에서 부여받아 그 테마를 완수하기 위해서 각 분야의 전문가들이 모여서 함께 숙식하며 과제를 해결하는 활동을 말한다. 세계 시장점유율 30%~40%를 차지하는 '마부치 모터' 라는 회사는 TFT멤버들이 사장실 옆에 있는 무한(無限) 탐구실에서 숙식하며 2~3년 후 제품을 연구한다. 여기에 일단 차출되면 가족의 허락을 받아야 하고 허락을 받지 못하면 참여하지 않는다. 이 회사 전 부문이 TFT멤버들의 말을 사장님 말로 생각하고 탐구실 직원들에게 적극 협조한다. 탐구실 실장 권한으로 세계 어디든지 해외출장을 간다. 이와 같이 창조경영의 조직이나 시스템을 회사 내에 만들어 넣는 것이 필요하다.

한편으로 조직 단위의 창조력 활동은 부서, 사업소 단위나 소집단 단위로 창조적 개선활동을 하는 조직을 말한다.

이와 같이 창조경영을 위해서는 경영자가 조직원들에게 창조적인 활동을 하도록 자극하고 그 활동을 촉진시키는 지원을 아끼지 말아야 한다. 반대로 창조경영에 저해가 되는 요인은 과감하게 제거해 주어야 한다. 또한 직장 내에서 새로 개발된 기술이나 방법을 신속하게 횡적으로 전개하여 그 효과를 전 회사로 확대시키며, 창조 연쇄 반응이 일어나도록 해야 한다. 특히 회사의 전통적인 룰이나 문화 그리고 오래 근무한 상사가 가진 인식의 벽 때문에 창조적 직원들이 위축되고 활동의 힘을 발휘 못하게 되는 경우가 많으므로 주의해야 한다.

Reverse...

Imagination...

Creation...

뒤집고, 상상하고, 창조하라! 삼성&도요타 창조경영

도요타를 보고 시작하라!

"미래 도요타의 가장 큰 적은 GM이나 포드가 아니고 현재의 도요타다"라고 한다. 오늘의 도요타를 극복하지 않고서는 미래의 도요타는 없다는 것을 의미한다. 즉 문제를 끊임없이 발견하여 해결하고 고정관념을 타파해야 한다고 경영자들은 강조하고 있다.

Creative Power
Samsung&Toyota

1) 도요타의 진화하는 창조경영

미래의 삶을 더욱 윤택하게 해주는 창조력

소주의 도수도 변화하는 환경에 맞추어 내려간다. 1996년 23도에서 2~3년마다 내려가서 2006년부터는 19.8도로 떨어졌다. 여성 음주인구가 늘어나고, 웰빙 붐을 타고 건강에 대한 관심이 많아짐에 따라 아이디어를 내어서 두꺼비 이미지에서 그린색 대나무 이미지로, 청정 이미지를 주는 숯으로 4번 거른 술을 내세우고, 병의 디자인도 바꾸어서 판매하고 있는 것이다.

창조력을 개발해서 기회를 잡는 것은 경쟁사회의 빠른 변화 속에서 찬스를 잡는 비결이다. 창조력 개발은 기업을 성공으로 이끌고 가정을 행복하게 하는, 21세기의 인간이 할 수 있는 최후의 보루이며 최고의 선택이다.

핸드폰이 없던 시절, 무선으로 통화하는 것을 꿈꾸어 왔지만 단순한 꿈에 불과하다고 포기해 버린 사람이 있었다. 하지만 이것이 실현될 수 있다고 믿은 사람들은 무선통화의 꿈을 현실로 바꾸어 놓았다.

그 기능도 단순하게 통화만 하는 기능에서 전자카드, 카메라, 녹음기, 거울, 계산기, TV, 자명종시계, 다이어리, 전화번호부, 메일, 인터넷, 뮤직 박스, 게임기, GPS, 메모장, 캠코더, 주식거래, 리모트 컨트롤 등 다양한 기능을 추가하여 아이디어의 복합화를 이루었다.

불가능을 가능으로 바꾸고 우리 미래의 삶을 더욱 윤택하게 해주는 방법을 제공해 주는 힘이 되는 것이 바로 창조력이다.

도요타의 미래의 적은 도요타다

창조력을 발휘해서 성공한 대표적인 회사가 도요타 자동차이다.

도요타 자동차가 드디어 2007년에는 세계 최고의 매출과 이익을 올리는 자동차 회사가 될 것이라는 예상은 누구나 의심하지 않는다. 와타나베 사장은 "설립 70주년이 되는 2007년, 도요타의 자동차 판매량이 2006년보다 6% 증가한 934만 대에 이를 것"이라고 말했다. 세계 1위 자동차 메이커인 미국의 제너럴모터스(GM)가 구조조정으로 어려움을 겪으면서 2007년 판매량이 2006년(약 920만 대)에 못미칠 것으로 예상되므로 도요타의 정상등극이 확실시되고 있다.

도요타는 단순히 세계 1위가 되느냐 마느냐에 연연하는 것이 아니다. 고객에게 신뢰받고 사랑받는 차를 만들기 위해 멈추지 않고 연속적으로 아이디어를 내는 가이젠(改善)의 여정 위에서 계속 걸어가는 것이 중요하다고 한다.

따라서 "미래 도요타의 가장 큰 적은 GM이나 포드가 아니고 현재의 도요타다"라고 한다. 오늘의 도요타를 극복하지 않고서는 미래의 도요타는 없다는 것을 의미한다. 즉 문제를 끊임없이 발견하여 해결하고 고정관념을 타파해야 한다고 경영자들은 강조하고 있다.

도요타를 세계 최강의 기업으로 올려놓은 숨은 힘은 진화하는 '도요타의 창조적 방식'에 있다고 해도 과언이 아닐 것이다. 세계 최고의 자동차 회사가 신발 회사인 나이키의 방식으로 변형을 검토하는 것도, TPS(Toyota Production System)가 고정된 시스템이 아니며 지금 이 시간에도 끊임없이 아이디어를 내면서 변화하고 진화해 가는 방식이기 때문이다.

지금 이 글을 쓰는 순간에도 도요타의 생산방식에서는 창조력으로 뭉친 종업원들의 아이디어가 진화하고 있기 때문에, '도요타의 생산방식이 바로 이것이다'라고 단정 지어 말할 수는 없다. 말할 수 있는 것은 도요타의 생산방식이 세계 최강을 향해 끊임없이 진화해 가는, 아이디어를 내고 그것을 발전시키는, 진화를 정지시킬 수 없는 강한 엔진이 달린 개혁시스템이라는 점이다. 따라서 도요타 방식을 도입하려는 회사는 추진력 강한 아이디어를 진화시키는 엔진을 달지 않으면 도요타처럼 세계 최고가 되는 데 어려움이 많을 것이다.

세계 일등 자동차를 세계에서 제일 싸게, 제일 빠르게 만든다는 도요타는 목표를 실현하기 위해서 아직 많은 과제가 있다고 강조한다. 도요타가 미래에 나아갈 높은 수준을 바라보면 아직 창조력으로 해결해야 할 일이 산더미 같다고 말한다. 경쟁사보다 10%, 20% 우수하다는 것은 뒤따라오는 2등에게 언제든지 잡아먹힐 수 있다는 말이다. 따라올 수 없도록 격차를 2배, 3배 더 벌려 놓아야 안심할 수 있다고 항상 위기의식을 가지도록 종업원들에게 강조하고 있다.

더 이상 의심할 수 없는 것에서 원인을 찾아라

도요타는 5Why라는 기법을 활용하고 있다. 5Why는 아르키메데스의 점(点)을 찾는 것이다. 헬라의 수학자 아르키메데스(Archimedes, B.C. 287~B.C. 212)는 '움직이지 않는 한 점' 만 주어진다면 그 점을 받침점으로 삼고 긴 막대기를 지렛대로 이용하여 지구를 들어 올리겠다고 주장했다. 여기서 비롯된 비유로 '아르키메데스의 점' 이란 말이 쓰이고 있다. 움직일 수 없는 확실한 지식의 기초, 모든 지식을 떠받치고 있는 근본적인 토대를 일컬어 '아르키메데스의 점' 이라고 한다.

근대 철학의 아버지라 불리는 프랑스의 철학자 데카르트는 이런 제1원리를 찾기 위하여 '방법론적 회의' 를 시도하였다. 우리들이 소유한 모든 지식을 일단 의심하고, 더 이상 의심하려 해도 의심할 수 없는 명확한 진리에 도달하려는 것이 데카르트의 의도였다. 그리하여 그는 모든 것을 의심하더라도 더 이상 의심할 수 없는 것을 찾았다. 다름 아니라 '내가 의심하고 있다는 사실' 그 자체였다. '의심하고 있는 나 자신'과 '의심한다는 사실', 이 두 가지는 의심할 수 없는 것이라 하였다. 그래서 그가 남긴 유명한 말이 있다. "나는 생각한다. 고로 나는 존재한다(Cogito ergo sum)."

도요타의 5Why는 문제에 대한 근본원인을 찾고 아르키메데스점에 도달하기 위해서는 '왜'를 5번 이상 질문해 보라는 것이다. 그 점을 발견한 후에 아이디어를 내어야 실용화 가능한 아이디어가 될 수 있기 때문이다.

기계가 갑자기 정지되었다. 질문 1 : 왜, 기계가 멈추었는가? 과부하가 걸려 퓨즈가 나갔다. 질문 2 : 왜, 과부하가 걸렸나? 축에 윤활유가 충분하지 않아서이다. 질문 3 : 왜, 충분히 윤활유를 주입하지 않았는가? 윤활 펌프가 잘 작동하지 않기 때문이다. 질문 4 : 왜 펌프가 작동되지 않았는가? 펌프 축이 마모되어 덜커덩거리기 때문이다. 질문 5 : 왜 마모되었는가? 여과기가 붙어 있지 않아서 절삭 칩이 들어갔기 때문이다.

이렇게 하여 철저하게 '왜'를 반복하지 않으면 진정한 원인을 발견할 수 없다. 앞에서 제시한 문제의 경우 퓨즈를 갈거나 윤활유를 주입한다고 해서 근본 문제가 해결되는 것은 아니다. '왜'를 추구함으로

써 사물의 인과관계와 그 속에 숨어 있는 참 원인을 발견할 수 있다.

이와 같이 진정한 원인을 찾아야 똑같은 트러블이 발생하지 않고 점점 수준이 높은 아이디어를 내어 경쟁력 있는 직장이 될 수 있다. '왜'를 반복하고 참 원인을 찾는 것은 시간도 걸리고, 원인이 서로 간에 얽혀 있기 때문에 끈기를 가지고 해결하지 않으면 좀처럼 해결할 수 없다. 또한 문제가 발견되었을 때 처음부터 즉각 원인을 규명하면 쉬운데 시간이 지나면 더 지날수록 문제가 복잡하게 엉켜 해결이 어려워진다. 따라서 초기부터 철저하게 '왜'를 추구해 나가야 한다.

더 이상 의심할 수 없는 곳까지 다가가 아이디어를 내는 것이 '5Why'이다. 응급 처치를 하거나 겉에서 보이는 원인으로 대책을 세우고 나면 그 순간은 아무 일 없이 지나가지만 더 큰 사고로 연결된다는 사실을 기억해야 한다.

변화의 과정, 원리를 추구하는 3현 2원주의로 돌아가라

5Why는 3회까지는 쉽게 들어가지만 4, 5회까지 들어가면 '이런 원인 때문에 할 수 없다'라는 결론에 도달하게 되거나, 관리자나 공장장이 문제라고 관리상의 문제로 들어가는 경우가 많다. 따라서 회사의 큰 문제에 대해서는 관리직이 직접 참가하여 5Why를 추구해야 원점으로 돌아가지 않고 진짜 원인을 발견해 조치할 수 있다.

작업자 수준에서는 7대 낭비 제거 사상을 철저하게 주지하고, 그 낭비의 종류를 발견하고 개선하는 데 노력하면 된다. 특히 '왜' 를 추구할 때는 3현 2원주의-현장(現場), 현물(現物), 현상(現狀), 원리(原理), 원칙(原則)으로 돌아가는 것이 중요하다. 어떤 물건이 탄생할 때에는 인풋이 있고, 그것이 변환 과정을 거쳐 아웃풋에서 제품으로 변환되어 고객에게 제공된다. 변화의 과정에는 변화의 원리(근본적인 이론-아르키메데스의 원리, 물은 높은 데서 낮은 데로 흐른다, 빛과 소리는 직진한다 등)가 있으며 그것은 원칙(기본적 규칙)에 따르고 있다. 문제점을 정확하게 파악할 때에는 3현주의에 입각해서 현장에서 현물을 보고 현상을 파악하면서, 데이터를 정확하게 취하여 변화하는 원리원칙을 알아야 한다.

3현 2원주의를 실천할 수 있는 사람은 말이 이치에 맞고, 행동도 이치에 맞는 사람이어야 한다. 원리는 바꿀 수 없는 고유기술이고, 원칙은 상호간의 약속이기 때문이다.

흔히 생산목표를 달성하지 못하면 왜 목표달성을 못했는지 철저하게 분석을 한다. 그러나 목표를 달성했을 때는 "야! 목표를 달성했다. 안심이다"라고 외치면서 '왜' 라고 분석을 하지는 않는다.

TPS사상의 체계를 잡고 적용에 성공한 오노 다이이치 선생은 목표를 달성했을 때 '왜' 라고 철저하게 분석을 하라고 강조한다. 그는 목표를 잘 달성할 수 있었던 방법을 아는 것이 목표를 달성하지 못한 원인을 아는 것보다 더 중요하고 활용가치가 있다고 말한다.

"왜 Just In Time(간판방식, 생산부문의 각 공정별로 작업량을 조정해 중간재고를 최소한으로 줄이는 관리체계. 생산 공정에 따라 품명과 품번, 소요량 등이 적힌 간판을 이동시키면서 작업을 한다고 해서 붙여진 이름)으로 물건을 만들 수 없는가?"라는 물음에 대해서 "전 공정이 너무 빨리 만든다, 한 개를 만들 때 몇 분에 만들 것인가 모르고 있다……" 등의 원인을 찾았고, 이를 해결할 수 있는 해결책으로 평준화에 대한 새로운 발상을 이끌어낼 수 있었다.

"왜 과잉생산을 하는가?"라는 질문에는 과잉생산을 억제하는 기능이 없다. 이를 해결하기 위해서 '눈으로 보는 관리'라는 개념이 나오고 더 나아가 간판이라는 도구도 연구하여 도입하게 되었다.

나고야 국제 신공항도 도요타 창조적 멤버들의 작품이다

나고야 신공항은 도요타 부사장 출신이 경영하고 있다. 나리타 공항이나 특히 간사이 공항과 비교할 때 착륙비가 저렴해야 많은 항공사가 이용하게 될 것이므로 나고야 신공항은 투자비를 줄여 감가상각비를 타 공항보다 낮추지 않으면 그들과 경쟁할 수가 없었다. 그러나 후발로 건설하기 때문에 비용도 올랐고, 인건비 등 제반 비용이 비싸져서 경쟁하기는 쉽지 않았다.

그래서 도요타에 부탁해서 개선의 프로를 10명 지원받았다. 도요타에서 파견된 부장 5명, 과장 5명이 설계도와 공사계획부터 재검토에 들어갔다. 도요타식으로 '왜' 분석을 반복하면서 낭비 작업과 부가가치를 내는 문제점을 찾기 시작한 것이다. 전기공사, 수도공사, 하수도공사, 전화공사 등 하나 하나 나누어 검토해 보니 여러 가지 낭비요인을 발견할 수 있었다.

예를 들어, 공사계획서를 살펴보니 전기공사를 한다고 땅을 팠다가 메우고, 전화공사를 한다고 같은 곳을 다시 파헤치는 등 동일한 장소에 몇 번이나 파고 메우고 하는 식의 낭비가 많았다. 또한 연결 부위의 볼트와 너트도 공용화되지 않아 여러 종류를 발주해야 했다. 왜 이렇게 종류가 많은가 질문하자, 설계회사가 각각 달라서라고 했다. 이들은 볼트와 너트를 표준화·공용화하여 종류를 대폭 줄였다. 동일 제품이 많아지니 제품 가격이 떨어지고 작업성도 훨씬 좋아졌다. 이러한 헛일들을 하나하나 찾아서 아이디어를 내어 없애다 보니 제1차 공사에서 15%의 예산을 절감할 수 있었다.

그 다음해 예산은 아예 처음부터 25%를 줄여 목표 비용을 설정하고 도요타식 개선활동을 하였다. 매년 이런 식으로 반복하자 저렴한 공사비로 공항을 완성하게 되었고, 경쟁력 있는 공항을 만들 수 있었다. 도요타의 '왜' 분석을 통한 아이디어 발상법은, 낭비 제거에 대한 사상이 철저하게 몸에 밴 인재를 육성하고 그것이 습관화되면 경쟁사를 따돌릴 수 있는 저력이 된다는 것을 확인할 수 있는 좋은 사례라고 할 수 있다.

창조적 아이디어로 간접부문의 효율화를 꾀한다

도요타에서는 생산현장에서 뿐만 아니라 간접 부문인 일상 업무에서도 철저하게 '왜'를 추구하여 문제점을 추출하고 아이디어를 내어 개선을 한다.

예를 들어, 도요타 협력회사의 사무실 입구에는 여직원 한 명이 손님이 오면 표찰도 달아주고, 하루 종일 안내하는 일을 하고 있었다. 그 여직원이 "왜 나는 하루에 손님이 열 명도 채 오지 않는 이곳에서 근무해야 하는가?"라고 질문을 했다. 손님이 오면 불편하지 않게 안내하기 위해서이다. "왜 손님이 올 때까지 앉아서 기다려야 하는가?" 손님이 언제 올지 모르기 때문이다. "왜 손님이 언제 올지 모르는가?" 사전에 예약 없이 찾아오기 때문이다. "왜 예약 없이 찾아오는 손님을 위해 여직원 한 명이 기약 없이 안내데스크에서 기다려야 하는가?"

이와 같이 원인을 생각하다 보니 손님이 언제 오는가를 알면 그 시간만 안내데스크에 나가 있으면 되고 나머지는 다른 업무를 볼 수 있다는 생각이 들어 다음과 같이 개선을 하였다. 손님이 오면 수위실에서 버튼을 눌러 사무실 표시등에 불이 들어오게 하고, 그러면 여직원이 미리 안내데스크에 나와 앉아 있는 것이다. 그렇게 하면 수위실에서 안내 데스크까지 걸어오는 시간이 있으므로 손님의 안내를 충분히 할 수 있는 것이다.

이와 같이 '왜'를 추구하다 보면 생산뿐만 아니라 사무부문에서도 우리가 당연하다고 생각한 것들에 대하여 아이디어를 낼 수 있고, 그것이 개선과 연결되고, 고정관념을 타파하는 계기가 된다.

이상이 발생하면 바로 드러내는 시스템이 창조력을 강하게 한다

문제를 숨기면 그 문제 속에 또 다른 문제가 숨고, 그것이 엉키면 도저히 풀 수 없는 큰 문제로 바뀌게 된다. 병은 알려야 빨리 치료할 수 있다는 속담처럼, 문제란 발생 즉시 보이게 해야 하고 보인 문제에 대해서는 시간이 걸리더라도 문제의 배후에 있는 참 원인을 규명하고 아이디어를 내어 해결해야 한다.

이와 같이 문제를 보이게 하고 즉석에서 왜를 철저하게 추구하여 해결하게 하는 시스템 중 하나가 '라인 스톱제'라고 할 수 있다. 라인에 문제가 생기면 생산 목표 달성에 지장이 있더라도 라인을 정지해서 그 문제를 해결한다. 이것은 생산 공장에 자율신경을 집어넣는 것과 같다. 도요타에는, 이와 같이 무엇이 가치 있는지 질문하고 그 가치를 실현하기 위해서 어떻게 아이디어를 내고 해결해야 하는지를 아는 창조적 인재들이 잘 육성되어 있는 것이다. 도요타는 변화에 대응하고 그 변화를 기회로 진화하는 창조적 시스템을 만들었다고 할 수 있다.

계속해서 창조적 변화를 창출해 내고 자기 스스로 지혜를 내는 힘을 가지는 사람이야 말로 21세기가 필요로 하는 인재이며, 그런 사람들을 태우고 함께 가는 기업들은 외부 환경이 어떻게 변하더라도 승승장구하는 기업으로 분류될 수 있다.

21세기는 공급이 수요를 초과하는 시대로 진입했을 뿐만 아니라 집집마다 필요한 가전이나 자동차 등을 거의 구입해 놓았기 때문에 새로운 아이디어가 첨가된 상품이 아니면 새로운 수요를 창출할 수 없다. 특히 무자원국일수록 지혜를 내어서 부가가치를 새롭게 만들어 가야 한다. 자원은 유한하지만 지혜는 무한하기 때문에, 창조력을 살리면 보다 효율적으로 자원을 활용하고 고객에게 환영받는, 경쟁력 있는 제품을 만들 수 있다.

2) 생활 속에서 활성화된
도요타의 창조력 실천

생활 속에서 창조력을 발휘해 성공한 사람들

혼다 자동차의 창시자는 쌀가게를 하던 시절, 언덕에 있는 집에 아내가 자전거로 쌀을 배달할 때 너무 힘들어 하는 것을 보고 '자전거에 모터를 달 수 없을까?' 라고 의문을 가지고 연구한 결과 오토바이를 만들 수 있었다. 포드는 부모님이 큰 농장에서 힘들게 경작하는 것을 보고 기계식으로 일하기 쉽게 만들어 드리고 싶어서 연구한 결과 트랙터를 만들었고 나중에 자동차도 만들었다.

도요타 사키치는 어머니가 종일 베틀에 앉아서 베를 짜는 것을 보고 어머니를 편하게 해 드리기 위해서 자동직기 연구에 몰두하였다. 그 결과 세계 최초의 연속 무정지 직기를 개발했고, 그 특허권을 팔아서 도요타 자동차를 만드는 기본 자본금을 만들었다.

허친스라는 사람은 자명종과 시계를 결합하여 자명종 시계를 발명했다. 제임스 리티는 그의 식당에서 돈을 받는 직원이 돈에 함부로 손을 대지 못하도록 현금이 들어오는 것을 기록할 방법을 찾고 있었다. 그러다가 증기선 위에서 프로펠러의 회전수를 세고 기록하는 장치를 보게 되었다. 바로 그 원리를 적용하여 세계 최초의 금전등록기를 개발한 것이다. 사각 팬티의 양쪽 귀를 잘라서 삼각으로 만들었더니 여성들이 몸매가 멋있게 보인다고 해서 너도 나도 사기 시작했다. 그 후에 남자들도 삼각 팬티를 입기 시작해 더욱 매출이 늘었다.

창조력은 나의 생활 속에서 문제를 찾고, 그것을 해결하기 위해서 아이디어 내는 것에서 시작된다. 그 아이디어를 현실화시켜 물건으로 만들면 인류사회에 공헌하고 돈도 벌 수 있는 것이다.

도요타의 창조적 활동은 가이젠에서 시작된다

기업에서도 개선활동의 활성화를 위해서 생산현장이나 자신의 업무 중에 개선해야 할 내용이 있으면 아이디어를 적어서 제안을 하고 기업은 그 내용을 심사하여 포상하는 제안제도가 있다. 도요타는 포드자동차에게 배워서 제안제도를 알게 되었다. 포드는 그것을 실시하지 않고 버렸지만, 50년이 지난 지금도 도요타는 그 제도를 진화시키고 발전시켜 왔다.

도요타는 회사의 일상생활 속에서 문제를 발견하고 그것을 개선하는 데 창조력을 적극 발휘하라고 요구한다. 공장입구에는 창의연구라는 말이 여기저기 걸려 있고 좋은 상품은 좋은 생각에서 나온다고 간부들이 부하들에게 강조한다. 맨아워(Man-Hour)는 계산할 수 있어도 맨파워(Man-Power)는 무한하다는 말도 아이디어를 내는 창조적 활동을 종업원들에게 강조하는 말이라고 할 수 있다.

도요타는 도요타 직원들이 항상 생활하면서 실천할 내용을 도요타 웨이(Toyota Way)에 5가지로 요약해서 표시하고 있는데, 첫 번째가 도전이고 두 번째로 개선을 강조하고 있다. 도요타 웨이 5가지 중 두 번째에 나오는 가이젠이란 무엇을 의미하는지를 상세하게 살펴보자.

가이젠(Kaizen, 改善)이란 '항상 진화, 혁신을 추구하고, 끊임없이 직장 생활 속에서 아이디어를 내어서 개선하려고 노력한다' 라는 뜻이다. 개선과 혁신을 추구하는 한편 유연성 있는 시스템을 구축하고 조직적으로 철저하게 학습하는 것을 말한다.

또한 가이젠이란 현실과 이상의 갭을 크게 하여 높은 목표에 도전하는 것이다. 개선과 혁신의 추구는 한때의 성공에 안주하지 말고, 현실과 이상의 갭을 크게 하여서 더 높은 도전목표를 세워 끊임없는 창조력을 발휘하고 혁신의 분위기를 만드는 것을 의미한다.

끊임없는 개선은 도요타 직원들이 매일하는 작업과정 속에 녹아 들어가 있다. 돈을 들여 개선을 하는 것이 아니라 지혜를 내어서 개선한다는 것이다. 이러한 DNA가 있기 때문에 초일류 기업으로 선두를 달리고 있는 것이다.

"창조적 개선활동은 개혁의 인큐베이터이다. 왜냐하면 그것은 변화를 받아들이는 풍토를 만들어 내기 때문이다. 개선을 기계적으로 생각하면 안 된다. 마른 수건에서도 지혜를 짜면 물이 나온다." 이것이 끊임없는 아이디어 창출을 강조하고 있는 도요타 경영자들의 말이다.

한편으로 가이젠에서는 항상 지혜를 짜내고 연구를 거듭하며, 어느 누구의 제안인가에 구애받지 않고 탁월한 아이디어를 사내·외에서 널리 구하고, 동시에 사내·외의 벤치마킹을 통해 스스로의 실력을 파악하도록 강조하고 있다.

가이젠은 전례나 터부에 사로잡히지 말며, 불가능하다고 인정하지 말고, 창조적 아이디어에 의한 선례타파(先例打破)를 지향한다. "변화는 우리가 최선을 다하게 만들며, 또한 새로운 성공 기회를 부여해 주며, 우리가 도전을 함으로써 활력을 가지고 21세기를 존속할 수 있도록 보장해 주는 것이다"라고 말하며 도요타는 종업원들에게 현상을 타파하고 고정관념에서 벗어나 변화하도록 강조하고 있다.

그리고 가이젠이란 낭비를 배제하고 JIT(Just In Time) 사상의 실천을 위해 자율적으로 창조적 활동을 하는 것이다. 가변성 풍부한 시스템을 구축하여 낭비를 배제하고, 후 공정을 존중하는 JIT 사상을 실천하며 문제를 명확하게 하여 자율적 개선을 도모한다.

도요타는 시장이 가격을 결정하는 흐름 속에서 최고의 품질과 효율을 추구하고, 중장기적으로 원가를 절감함으로써 이익 창출을 지향한다. 소요된 비용만큼 원가에 이윤을 붙여서 가격을 결정하는 원가주의 사상은 오늘날의 자동차업계에서는 통하지 않는다. 부가가치를 창출하지 않는 무리(ム リ, 불합리)+무다(ム ダ, 불필요)+무라(ム ラ, 불균일)를 철저하게 배제하는 데 창조력을 적극 활용하고 있다.

"관리자가 알지 못하는 가운데 어떤 문제가 임시방편으로 해결되고 있다면, 시간이 아무리 흘러도 개선되지 않으며 원가는 싸지지 않는다. 이상이 생겨서 기계를 멈추는 것은 문제를 명확하게 하는 것이기도 하다. 문제가 확실해지면 개선도 진척된다"라는 오노 다이이치 선생의 말처럼 문제가 눈에 보이게 하여 현장에서 판단 가능한 업무는 자율형으로 단위(Unit)를 독립시키고, 권한을 위임하여 단위별로 문제의 명확화와 대응의 조기화를 촉진해야 한다.

가이젠은 아이디어를 내는 학습을 조직적으로 잘 지원하고 실패도 표준화하는 것이다. 학습을 하기 위해서는 현재 나타나는 상황을 철저하게 인식하는 것이 중요하다. 이를 위해 눈으로 보는 관리방법을 적극 활용하여 관계자 상호 간의 상황인식 공유와 공감대 형성을 촉진해야 한다.

그리고 가장 좋은 학습 중 하나는 실패에서 배우는 것이다. 실패를 두려워하지 말고 신속하게 고치고, 개인적 과오만을 질책하지 말며, 항상 구조적인 문제를 찾아내어 대책을 세워나가는 것이다. 그리고 실패 속에서 얻은 경험을 통해서 성공을 이루어 냈을 때는 그 성공의 과정을 표준으로 채택해서 횡적으로 전개하고, 조직 내에 정착시키고자 노력해야 한다. 따라서 성공의 표준화도 필요하지만 실패의 표준화도 필요하다. 표준이 설정되었으면 그 표준을 끊임없이 개선해 나가는 것도 가이젠의 중요한 활동 중 하나이다.

도요타는 이러한 인간의 지혜를 회사업무에 적극 반영하게 하여 그 결과 미국의 빅3 자동차 회사의 주식합계액보다 시가총액이 많은 경쟁력 있는 회사로 지속적으로 성장하고 있다.

정해진 시간에 습관적으로 생각하는 시간을 가져라

우리는 차별화된 삶을 위해서 일상생활 속에서나 직장인의 업무 속에서 창조력을 발휘하기 위해 끊임없이 훈련을 해야 한다. 뇌세포는 하루에 10만 개 이상 소멸되며 또한 다른 여러 가지 원인으로 100만 개 이상 그냥 죽어간다고 한다. 또한 50세 이상이 되면 하루에 100만 개 이상 죽는다고 한다. 뇌세포를 죽게 만드는 가장 큰 원인은 뇌를 쓰지 않는 것이다. 일단 한번 죽으면 더 이상은 재생이 되지 않는 게 뇌세포이다. 뇌세포를 자극하고 사용하면 반대로 세포끼리 그 활동영역을 넓혀 나간다고 한다.

뇌세포를 활성화시키는 하나의 방법은 매일 3~5분 정도 일정한 시간 동안 생각하는 시간을 가지는 것이다. 아침에 일어나서나, 자기 전이 제일 방해 받지 않는 시간이다.

아침 시간에는 시간에 쫓겨 충분한 시간을 가지지 못하지만 저녁시간에는 다소 피곤한 것을 제외하고는 시간상 크게 구애받지 않는다. 더 중요한 것은 이러한 시간을 습관적으로 계속 가지는 것이다.

자신의 스케줄에 따라 가장 편한 시간을 정해 하루에 한 번씩만 조용히 생각하면서 어떤 문제에 대해 해결안을 생각해 보자. 즉 머리를 회전해 보는 것이다. '현재의 문제가 지금보다 두 배, 세 배 심각했다면? 갑자기 이 문제가 해결된다면? 다른 사람이라면 어떨까?' 라는 식으로 의식적으로 뇌를 사용하는 것이다.

또한 생각할 때는 문화나 감정의 벽을 과감하게 깨뜨려 본다. 피카소는 그림이 현실과 일치해야 한다는 규칙을 깨뜨려 유명한

화가가 되었다. 타성에 벗어나고 변화를 주기 위해 매일 다른 길로 출근했다는 사람이 있다. 삼성은 핸드폰 발신 버튼을 아래에서 위로 올려서 편리함을 추구했고, 막대식이 아니라 슬라이드식 핸드폰이 있다는 것을 세상에 알렸다. 한국의 조선소는 수백 년간의 고정관념을 깨뜨리고, 도크가 없어도 배를 지을 수 있는 새 기술을 개발했다.

TV에 빠져 생각 없이 멍하게 앉아 있지 말고 가끔 음악 감상을 하는 것도 생각의 힘을 키워 준다. TV는 창조력을 떨어뜨리며 사람을 바보로 만드는 현대 문명의 필요악이다. 이런 식으로 생각을 깊게 하고 뇌세포를 자극하면 뇌세포 운동이 활성화되고 그 결과 뇌 근육이 단련되어서 뇌가 좋아지고 생활 속에서 획기적인 아이디어를 낼 수 있는 것이다.

생활 속에서 의식적으로 연상하는 힘을 키워라

영화나 연극을 보고난 후 머릿속에서 스토리를 다시 전개해 보거나 또 다른 스토리로 연상을 해나가는 방법이 있다. 영화의 내용을, 필름을 거꾸로 돌리면서 앞으로 연상해 가는 것도 연상의 힘을 키우는 방법이다. 연상을 하는 것은 신경세포에 뿌리가 생겨나서 서로 연결되면서 발상력이 생기는 것이다. 시각적인 이미지로 연상하면 종합적인 연상 실력이 올라가게 된다. 아인슈타인은 상대성이론을 언어로 생각하여 발견한 것이 아니다. 개념이 이미지로 먼저 떠오르면 그것을 공식으로 표현했다는 것이다.

일본의 와타나베 교수는 "바둑을 두면 뇌의 신경세포를 최대한 넓게 전체적으로 사용하게 되어 신경세포 간에 연결을 좋게 만들어주기 때문에 두뇌개발 훈련이 되어 머리가 좋아지게 된다"라고 하였다. 바둑을 두면 지식의 활용 방법을 터득할 수 있으며 한 곳에 집착하지 않고 넓은 곳을 보게 해주고 사고의 기본적인 훈련을 도와준다. 또한 정서를 안정시켜 주의력, 집중력, 인내심을 길러주어 생각의 힘이 발달된다. 바둑은 수 읽기와 감각을 키워주는 두뇌 스포츠의 대표적인 게임으로 직감력 발달에 많은 도움을 준다. 흔히들 치매를 방지하기 위해 화투를 추천하는 것도 같은 원리에 입각한 것이라 할 수 있다.

우리의 일상생활을 즐기면서 개선 능력을 올리는 훈련을 하고, 생활 속에서 나타나는 문제를 해결해 보려는 노력을 끊임없이 하면 길가에 핀 꽃들도, 굴러다니는 돌들도 다 돈으로 보일 수 있다.

우리는 매일 매일 부딪히는 현실 문제를 해결하지 못해서 많이 고민하고 근심, 걱정하고 있다. 부정적인 발상과 생각은 나의 뇌세포를 죽이고 아이디어가 나오지 못하도록 관념의 틀을 강하게 한다.
근심 걱정할 시간이 있으면 머리를 사용해서 아이디어를 내는 훈련
을 해 보자. 생활 속에서 창조력을 키우자.

3) 도요타는 문제 속에서
창조경영을 배운다

누구나 새로운 것을 손에 넣고 싶어한다. 아침에 신문을 기다리는 사람은 간밤에 새로운 뉴스가 없는지, 새로운 사건이 일어나지 않았는지 등 자신이 모르는 새로운 사실을 알기 위한 것이다. 매일매일 이어지는 생활 속에서는 큰 변화를 느끼지 못하지만, 계절도 바뀌고 제품들도 라이프 사이클이 짧아져서 핸드폰이나 컴퓨터도 몇 개월이 지나면 구형이 되어 버린다.

앨빈 토플러는 앞으로 다가올 사회는 다양화 시대라고 언급했다. 사람들이 보다 더 구별된 개성을 추구하며 남보다 차별화된 제품을 갖고 싶어하므로 전자기술을 중심으로 한 창조적이고 새로운 기술이 급속도로 발전될 것이라 예견하고 있다.

이러한 변화의 시대, 다양화 시대, 개성화 시대에 살고 있는 우리들로서는 직장생활이나 개인생활 속에서도 창조적인 활동을 즐기고 새로운 것을 찾아 나가야 한다. 한 사람 한 사람이 개성을 발휘하고 새롭게 변화하는 사회에 적합한 구성원으로 존재하기 위해서는 문제 속에서 창조력을 끌어내는 훈련을 하는 것이 매우 중요하다.

일상 속에서 나타나는 문제들은 창조적 해결의 동기를 준다

목욕탕의 욕조에 물을 틀어 놓고 전화가 와서 받는 사이에 물이 넘쳐 곤란을 겪은 사람은 이 문제를 해결하기 위해 욕조에 일정량의 물이 차면 벨이 울리는 장치를 고안해 낼 수 있다.

그러나 물이 차면 저절로 급수가 정지되는 장치가 있다면 더욱 좋다고 생각한다. 이와 같이 가정 문제를 해결한다는 동일한 목적을 달성하는 수단은 여러 가지가 나올 수 있고, 그 아이디어의 양은 경험이나 지식이 바탕이 된다.

세제가 필요 없는 세탁기, 목욕탕에서 일정시간 물이 나오면 저절로 정지하는 시스템 등도 생활 속에서 부딪히는 불편함을 해소하기 위해 얻은 지혜를 제품화한 결과라고 할 수 있다.

도요타 생산 방식의 탄생도 생활 속에서 발생한 문제를 해결하기 위해 창조력을 발휘하다가 이끌어 낸 결과라고 할 수 있다.

도요타 사키치 씨는 어머니가 수동식 베틀에 하루 종일 앉아서 일하는 모습을 보고 어머니를 편하게 해 드리려고 자동직기를 제작해

드렸다. 그러나 어머니는 수동직기로 일할 때보다 더 기계에 붙어 앉아서 감시를 하고 있었다. 수동직기는 불량이 나면 바로 조치되지만 자동직기는 불량이 나면 계속 쉬지 않고 작업을 계속하여 대량 불량이 발생하므로 불량이 나는지에 대해 감시하기 위해서 기계 옆에 붙어 있어야 하는 것이다.

도요타 사키치 씨는 어머니가 실이 끊어지는지를 감시하느라 기계 곁을 떠나지 못하는 것을 보고 마음 아파서 불량이 나면 바로 정지하는 장치를 고안하여 부착했다. 그랬더니 기계 가동 중에도 어머니가 다른 일을 볼 수 있었고, 기계 정지 후에 조치해도 불량을 만들어 내지 않음으로써 도요타 생산방식에서 말하는 '베를 짜면서 밥도 할 수 있는' 다능화 작업이 가능하게 되었다.

문제가 저절로 드러나게 하는 창조경영, '눈으로 보는 관리'

도요타 사키치의 사상을 발전시킨 것이 눈으로 보는 관리 방식이다. 이 눈으로 보는 관리에서 추구하는 것은 철저하게 낭비를 배제하는 데 있다.

낭비를 발견하거나 찾아서 '이것이 불필요한 것이다'라고 인식하기는 대단히 어렵다. 그러나 낭비를 눈에 보이게 하면 곧바로 해결책을 찾는 일은 그다지 어렵지 않다. 그래서 낭비가 여러 사람들의 눈에도 보이고 분명히 알도록 하기 위해 탄생한 것이 '눈으로 보는 관리'이다. 눈으로 보는 관리는 사람 인(人)변이 붙은 자동화의 개념에서 나왔다. '사람 인(人)변이 붙은 자동화'란 기계에 인간의 지혜를 부여하는 것이다.

이미 앞서 설명을 했었지만, 도요타식 자동직기는 경사(經絲)가 끊어지거나 횡사(橫絲)가 없어지거나 하면, 기계가 바로 정지하는 구조이다. 도요타에서는 이 생각을 기계만이 아니라 작업자가 있는 라인으로도 확대하고 있다. 즉, 이상이 발생하면 작업자가 라인을 정지시키는 것을 철저히 하고 있다. '지혜 있는 자동화'에 의해 불량품 발생을 방지하고, 과잉생산을 억제할 수 있으며, 또한 생산현장의 이상을 자동으로 체크할 수 있는 장점이 있다.

'지혜 있는 자동화'는 이상이 있으면 라인 또는 기계를 멈추는 데 그 의미가 있다. 기계를 세우게 되면 그 즉시 왜 기계가 멈추었으며 누구의 잘못인가 등 책임한계가 그 자리에서 분명히 드러나고 원인 규명이 쉽게 이루어진다. 이렇게 함으로써 점점 고장과 불량이 줄어 장기적으로 볼 때 회사에 훨씬 이익이 된다는 논리이다. 이상이 있을 때 즉시 '현재화'한다는 개념은 도요타 생산방식의 핵심 개념 중 하나이다. 이 사고방식의 기본은 문제가 발생한 순간 바로 알 수 있도록 자율신경계를 생산현장에 집어넣는 것이다.

품질 측면에서 본다면 불량이 발생하면 바로 불량을 표면화시키고, 불량을 발생시킨 기계는 자동으로 정지되고, 왜를 5번 추구하여 이에 대해 철저한 대책을 세우는 것이다. 생산량으로 말한다면 계획을 한 후 늦고 빠름의 진행상태가 눈으로 보아 바로 알 수 있도록 하는 것이다. 또한 기계나 라인만이 아니라 물건 두는 방법, 재고량, 간판 돌리는 방법, 작업방법 등 모든 면에 적용할 수 있는 사고방식이다. 도요타 생산방식을 도입한 생산현장은 '눈으로 보는 관리'가 철저하게 적용되어 있는 것이다.

한편, 눈으로 보는 관리가 적용되려면 5S활동(정리, 정돈, 청소, 청결, 습관화)이 잘 유지되고 정착되어야 그 효과를 충분하게 발휘할 수 있다.

미국 그랜드캐니언에 갔을 때, 관광버스 운전사가 버스 앞에 수동식 나무판 장난감시계를 걸어 놓고 눈으로 보는 관리 도구로 활용하고 있었다. 1시에 그곳에 도착했는데 장난감 시계의 분침을 20분에 맞추어 놓고 손가락으로 시계를 치면서 영어로 20분간 구경하고 돌아오라고 했다. 영어를 못 알아듣는 관광객들도 1시 20분까지 구경을 마치고 전원이 제시간에 돌아왔다. 이처럼 눈으로 보는 관리란 말이 필요 없는, 보면 알 수 있는 관리이다.

품질향상의 창조적 아이디어, 보카요케

도요타는 사람 인(人)변이 붙은 자동화 개념을 더 발전시켜 보카요케(Fool Proof, 착각 예방 및 불량품 방지 장치)라는 말을 만들어 내었다. 보카요케는 불량품 발생을 막기 위하여 기계장치에 자동 정지장치를 도입하는 것을 말한다. 이는 작업 실수를 예방하고 실제로 실수가 거의 일어나지 않도록 하는 경고장치가 작업 공정 그 자체 내에 도입되는 것이다. 앞에서 언급한 사람 인(人)변의 자동화를 구체화하는 것이라고 볼 수 있다.

작업을 실시하면서 측정한다든지, 항목에 따라 검사한다든지 하면 아무리 조심해도 실수하는 경우가 있다. 그래서 도요타는 불량품, 작업 실수, 부상 및 그 밖의 부적격 사항에 대해 일일이 신경을 쓰지 않아도 자연히 제거되는 장치를 만들어 부적격을 발견하도록 했다.

생산 공정 내에서 100% 우량품을 만들기 위해서는 치공구(治工具)나 장비설치용 공구에 여러 가지 장치를 하여 불량품 발생을 미연에 방지하는 구조가 필요하다. 이 장치에는 여러 가지 다양한 것이 있지만, 일반적으로 기계 및 공정에 상태가 나쁜 것이 발생할 때 곧바로 정지되는 장치가 있다. 보카요케는 자동화의 보조 수단인 것이다.

보카요케의 예로는 다음과 같은 것이 있다.

① 작업 실수가 있으면 물품이 치공구에 부착되지 않는 구조

② 물품에 트러블이 있으면 기계가 가공을 시작하지 않는 구조

③ 작업 실수가 있으면 기계가 가공을 시작하지 않는 구조

④ 작업 실수, 동작 실수를 자연히 수정하여 가공을 진행시키는 구조

⑤ 전(前) 공정 트러블을 후(後) 공정이 살펴서 불량생산을 멈추게 하는 구조

⑥ 작업 중 잊은 것이 있으면 다음 공정이 시작되지 않는 구조

그러나 보카요케는 기계 및 제조 방법 그 자체를 변경하는 것이 아니다. 작업 방법 자체에는 손을 대지 않고 제조 및 조립 수순만을 변경하는 것이 대부분이다. 이는 과학적 관리 수법을 만들어낸 테일러의 동작 분석, 시간 분석과 비슷하다고 할 수 있다. 그러나 테일러가 작업에 있어서 가장 효율적인 작업 방식을 추구하였다면, 보카요케는 불량률을 가장 낮게 할 수 있는 작업 방식을 추구한다.

즉, 테일러리즘(Taylorism)에서는 작업의 속도를 높일 수 있는 작업 방식이 최선으로 선택된다면, 보카요케에서는 제조된 제품의 품질을 최대한으로 보장할 수 있는 작업 방식이 선택된다. 이러한 도요타의 품질관리에 대한 정열은 전사적 품질관리, 즉 TQC(Total Quality Control)라고 불리는 종합적인 품질관리기법에서 정점을 이룬다. 꼭 맞는 치구가 아니면 기계 자체가 작동하지 않도록 설계해

오류의 소지를 아예 없앤 것도 보카요케 장치이다. 오류방지 시스템
은 공장 여기저기서 찾아볼 수 있다. 센서에 의한 불량 확인, 불량과
양품의 선별 장치, 준비시간을 줄이기 위한 조치, 에어가이드 설치
등 별것 아닌 것 같은 장치들의 기능이 알고 보면 품질에 직결되는
보카요케 장치이다. 도요타 협력업체 어디를 가나 휴먼 에러가 나올
것 같은 곳에는 이를 방지할 수 있는 별도의 장치가 마련되어 있기
때문에 '품질의 도요타' 라는 말이 통할 수 있는 것이다.

4) 도요타는 전 직원이
생각하고 개선한다

최근 들어 학교에서나 직장에서나 가장 강조되고 있는 능력이 창조력이다. 창조력이란 전혀 상상할 수 없고 연결이 되지 않는 것들을 새롭게 연결 지어 새로운 개념이나 작품을 만들어내는 능력을 일컫는다.

이런 능력을 지닌 사람들은 사물이나 사태를 통합해서 볼 수 있는 능력이 있다. 그렇기 때문에 보통 사람들이 보기에는 아무것도 아닌 것들을 보고 상상력을 발휘하여 새로운 관점과 새로운 각도에서 접근하여 새로운 상품이나 새로운 개념을 발전시켜 낸다. 그렇기 때문에 창의적인 사람들이 때로는 엉뚱하다는 평가를 받게 되기도 한다. 황당한 것을 꿈꾸는 공상가들이란 비난을 받게 되기도 한다.

얼마 전까지는 매사에 정확한 사람들을 높이 평가하였다. 그러나 지금은 세상이 달라졌다. 정확한 사람보다는 유연한 사고를 지닌 사람을 높이 평가하는 시대가 되었다. 유연하다는 것은 창조력과 관계가 있다. 오늘날과 같이 급변하는 시대에는 여러 가지 다양한 정보와 지식들을 흡수하고 통합하여 자신에게 필요한 새로운 것으로 창조하는 능력을 지닌 사람을 높이 평가한다.

일본의 도요타 배우기 열풍과 하이브리드

도요타 자동차는 직장을 창조력 활동의 실천 무대로써 잘 활용하고 있는 회사 중 하나이다. 동경역 앞 '야에스 북센터'는 일본에서 가장 유명한 서점 중의 하나이다. 일본에 출장을 가서 이 서점에 들러 잘 팔리는 책을 알아보면 일본인들의 관심사항을 알 수 있고 향후 한국에서 무엇이 유행할지 대강 눈치 챌 수 있다.

최근 이 서점의 1층 입구에 있는 신간 매장과 2층 경영서적 매장은 '도요타' 책 일색이다. 『도요타 파워』『도요타 방식의 정석』『도해로 보는 도요타 개선력』『도요타식 최강의 경영』『도요타 웨이』등 한국에서 번역 출판된 책들이 일본에서도 베스트셀러임을 알 수 있다.

기업에 근무하는 사람뿐만 아니라 정부관계자, 학생, 가정주부에 이르기까지 남녀노소, 직업을 불문하고 도요타 관련 서적을 찾는다고 한다. 도요타 관련 서적이 워낙 많이 쏟아지다 보니 작년부터는 아예 별도 코너를 만들어 손님을 맞고 있다.

한 서점에서 하루에 도요타 관련 서적이 200권 넘게 팔릴 정도로 일본 열도에 '도요타 학습 열풍'이 불고 있다. 도요타 방식을 배워 생산성을 높이고 문제를 개선해서, 불황의 늪에서 탈출해 보자는 것이다. 기업뿐만이 아니다. 정부 기관이나 병원, 학교에 이르기까지 전 일본이 도요타 방식의 출발점인 '가이젠'을 외치고 있다. 심지어는 가정에서도 도요타의 낭비제거 사상과 개선 방식을 배우려고 주부들이 도요타 코너를 찾고 있다. '가계(家計) 가이젠'이라는 신조어가 유행할 정도로 도요타 바람이 거세다.

많은 도요타 관련 책에서 언급하는 빼 놓을 수 없는 도요타의 강점은, 전 직원이 생각하며 일하고 일 속에서 아이디어를 내어 개선하는 힘이 세계 어느 기업보다 강하다는 것이다. 이와 같은 개선력은 직장생활 속에서 이루어지는 자기실현의 요구이며 창조력의 결과이므로, 창조력 개발을 위한 교육과 훈련을 게을리 하지 말아야 한다.

직장에서 가장 주된 창조 활동의 무대는 역시 연구소이다. 도요타는 1997년 '환경'과 '미래'를 내다보는 하이브리드 기술을 개발해 자동차 업계를 깜짝 놀라게 했다. 세계 최초로 대량 생산에 성공한 하이브리드 차량인 '프리우스'가 그것으로, 전기와 가솔린의 장점만 살려 연비를 대폭 높인 환경 친화적 자동차이다. 이 자동차를 발판으로 미국 내 하이브리드 시장에서도 64%의 점유율을 기록하고 있다. 도요타의 하이브리드 기술은 프리미엄 브랜드인 '렉서스'

에도 적용돼 세계 최초의 럭서리 하이브리드 자동차인 '렉서스 RX400h'를 미국에서 출시하여 그 인기가 점차 상승하고 있다.

하이브리드 자동차 개발은 도요타 소속원들의 창조력이 결집되어 나타난, 창조경영의 성공 사례이다. 또한 직장이 창조력 활동의 실천 무대임을 증명해 주는 좋은 사례라고 할 수 있다.

도요타는 최고 경영자에서 작업자에 이르기까지 모든 직원이 개선을 생각하고 실천하려고 노력한다. 금전적 보상이 없더라도 개선하기 위한 새로운 아이디어를 기꺼이 내놓을 정도로 의욕을 갖고 있다. 이는 생산 현장에도 그대로 적용돼, 매일 이루어지는 작업을 통해 현장 근로자들이 근무 중에 발견한 사소한 사항이라도 개선할 여지가 있다면 바로 제안하여 끊임없는 개선을 하는 것으로 유명하다. 실제로 도요타는 매년 50만 건 이상의 개선사항이 현장 근로자들을 통해 접수되고 있고, 이 중 99%를 채택해 실행에 옮긴다. 이러한 개선활동은 포드자동차에서 배워서 1951년부터 시작됐다. 순이익 120억 달러, 미국 하이브리드 자동차 시장점유율 64%, 55년간 노조 무파업, 50년 이상 흑자 행진의 기록들이 창조경영의 결과라고 할 수 있다. 이것이 2007년 GM을 꺾고, 세계를 제패한 원동력이라고도 할 수 있다.

그러나 도요타는 이와 같은 성공에 만족하지 않고 더욱 자세를 낮춰 전 세계 자동차 시장을 개선력의 힘으로 공략하고 있다. 도요타는 세계 시장 공략을 목표로 전 세계 각국에 51개의 현지 생산 공장을 갖추고 일본 내에서 확립한 도요타만의 생산방식을 적용해 성공을 거두고 있다. 미국 시장 역시 동일한 방식으로 결실을 맺었다. 도요타처럼 활발하게 직장의 문제를 발견하고 창조적으로 해결할 때에 고려해야 할 사항들을 생각해 보자.

첫째, 눈에 보이지 않는 문제를 정확하게 파악하고 부서 간 이기주의를 없애야 한다

작년 여름 감기로 며칠간 고생하다가 이틀, 삼일 고열이 계속되어 입원 소동을 벌인 적이 있다. 발열 상태로 보아 폐렴의 가능성이 있다고 하여 내과로 옮겨 정밀 검사를 했으나 폐렴 증세도 아니고 원인도 몰라서 아파하고 있는 사이에 귀에서 이물질이 흐르고 염증이 생겨서 이비인후과 진찰과 치료를 받게 되었다. 조금만 늦었더라면 청력을 잃을 뻔 한 큰일이었다.

평상시라면 통증이 있는 부위가 있기 때문에 대략 어느 병원으로 가야 할지 판단할 수 있지만 증상이 없었기 때문에 문제해결에 걸리는 시간이 길어졌던 것이다. 병을 일례로 들었지만 일상생활이나 직장생활에서도 보이지 않는 문제에 부딪혀 고생한 경험이 많이 있다.

우리들의 직장도 하나의 생명체로 볼 수 있으며 여기에서도 마찬가지로 잘 몰라서 우물쭈물하는 사이에 문제가 다른 방향으로 확대되는 것을 흔히 볼 수 있다. 게다가 왜 그렇게 되는지 원인을 모를 경우에는 더욱 무섭다. 직장의 일은 그 대다수가 숙련된 경험이나 기술에서 나오는 것이다. 그것은 원리·원칙 및 개인의 스킬에서 비롯되므로 반복 재생적이며 일정한 기준과 룰이 확립된 것이라고 할 수 있다.

일에 익숙해진다는 것은 그 분야에서 한 사람의 몫을 해내는 것이라고 생각할 수 있다. 그러나 여기에는 익숙해짐에 따라 습관화되고, 타성에 젖게 되어 문제를 문제로 보지 못하는 결점이 있다는 점도 잊어서는 안 된다. 일을 하는 방법·수순·작업의 성과, 어느 것 하나 문제가 없다고 생각하고 개선에 대해서 전혀 아이디어가 나오지 않으면 직장 또는 본인에게 하나의 적신호라는 것을 짐작해야 한다. 직장에서의 일을 '어떻게 하면 보다 더 효율적으로 잘 할 수 있을까' 하고 재검토해 나가며, 타성에 젖어 한쪽으로 치우치지 않도록 하는 것이 직장의 발전을 위해 무엇보다 필요하다.

또한 영업부문과 생산부문, 전 공정과 후 공정, 라인과 스태프 각각의 입장에서 오는 상반되는 주장과 대립은 끊이지 않는다. 영업에서는 "어렵게 얻은 고객인데 납기를 기일 안에 맞춰야 한다"라고 따지며, 생산에서는 "특수 제품을 보통 제품과 같은 납기로 수주한 영업이야말로 영업의 고질적인 문제"라고 서로 의견이 팽팽히 맞서기도 한다. 문제를 보는 관점이 다르기 때문에 기업 활동에서는 이런 논쟁이 비일비재하다.

눈앞에 보이는 자기 부서의 이익이나 표면적인 일에 마음을 빼앗기지 말아야 한다. 자신이 해야 할 일이 무엇인가를 확실하게 정하고, 진정한 문제를 발견하고 끝까지 원인을 추구하여 해결해나가기 바란다.

둘째, 안 되는 이유를 찾지 말고 되는 이유를 찾는 데 시간을 투자해야 한다

총론찬성, 각론반대는 흔히 있는 대상이다. 또 객관적으로 봤을 때 꼭 실행해야 하는 일도 자신이 그 일부분을 담당하는 일을 가능한 하고 싶지 않다거나 타인에게 미루고 싶은 마음이 생긴다. 이성적으로 봤을 때는 이해가 가지만 감정적으로는 납득이 가지 않는다거나 해보고 싶으나 주위의 찬성을 얻을 수 없을 것 같다는 일종의 딜레마 상태에 빠지게 된다.

이것은 개인의 책임만이 아니다. 아래와 같은 이유는 문제해결이 어렵다고 말하게 되는 주요 원인들이다.

① 물리적인 요인 : 시간, 거리, 양, 금액 등에서 무리
② 조직의 벽 : 멤버의 대응, 심의, 결단에 이르기까지의 복잡한

루트, 권한이 없음

③ 규칙의 벽 : 법칙상의 제약, 규정에 없음

④ 체면에 제약을 받음 : 어느 쪽이 먼저 말했는가, 소정의 절차를
　밟고 제기를 했는가 등

⑤ 기술 or 능력부족 : 조직으로서의 힘, 개개인의 힘이 부족

여기에 개인의 '용기부족', '물러섬', '망설임', '무책임' 등이
더해져 문제는 공중에 붕 뜨게 된다. 그러나 나쁜 면, 안 되는 요소를
알고 있는 것만으로는 아무런 진전이 없다.

그러나 일단 착수해 보면 안 될 것이라 생각했던 것이 의외로 잘
된다거나, 누군가가 도와줄 사람이 나타나기 마련이다. 중요한 것은
목표가 무엇인가를 확실하게 파악하고, 외압이 강하더라도 꺾이지
말고 노력해야 한다는 것이다. 하기 싫다는 이유로 문제를 방치해서
는 기업 경쟁에서 이길 수 없다.

셋째, 문제가 없는 것도 문제라고 생각하고
적극적으로 찾아보아야 한다

진보는 '이것이 문제다' 라는 의식에서부터 시작된다. 그러나 진
보가 없는데도 불구하고 문제가 없다는 것은 문제를 보는 눈이 없다

든가 문제를 적극적으로 찾아보지 않았다는 것을 의미한다. 또는 문제가 있어도 고개를 돌려버리기 때문이다. 이런 상태로는 비즈니스맨으로서 존재가치가 없다. 문제는 보지 않는 한, 발견하지 않는 한, 살펴보지 않는 한 노출되지 않는다. 즉, 열심히 강구하지 않으면 쉽게 노출되지 않는 것이다.

앞에서 언급했듯이 영업부원은 "어렵게 얻은 고객인데……"라고 말하고, 제조부원의 "영업이야말로 문제의 화근"이라고 말하는 부서간의 분쟁도 다른 면에서 보면 '문제'가 아닌 '좋은 일'임을 알 수 있다. 우선 '고객이 생긴 일', '우리 회사의 특별 수주 제품이 잘 팔린다는 것' 그 자체는 나쁠 리 없다. 차라리 '고객이 주문을 하지 않는다거나 기술이 팔리지 않는다'라고 하면 물론 문제가 될 수 있다. 이 경우에는 서로 입장이 다르다고는 하나 상호가 '고객'과 '제품'을 둘러싼 공통의 문제를 갖고 있기 때문에 이 '문제'는 회사의 이익 측면에서 생각해야 풀릴 수 있다.

"이 상태만으로는 아무런 진전이 없다"라는 자각은 반드시 해결로 이어지는 행동을 갖고 오게 된다. 이 때 극복해야 하는 것이 조금 전에 예로 든 ①~⑤의 내용 또는 개인의 용기나 노력 부족이다. 그러므로 집단의 지혜, 조직의 특성에 따라 문제를 자꾸자꾸 발견해 내고 해결해 가는 것이 매우 중요하다고 할 수 있다.

문제를 발견하는 방법, 보는 방법, 해석하는 방법은 사람에 따라 제각기 다르다. 같은 것을 보고 있기 때문에 다른 사람도 '나와 같은 생각을 하고 있을 것이다' 라고 생각한다면 큰 오산이다. 직장에서 일어나는 문제의 대다수는 이 입장의 차이, 역할의 차이, 일이 가진 성질의 차이 등에서 오는 인식의 차이에서 나온다. '내가 알고 있는 것은 상대방도 알고 있을 것이다', '나의 고민은 상대방도 알고 있을 것이다' 라고 본인 생각으로만 판단해서는 안 된다는 것이다.

직장이란 역할을 분담하는 곳으로, 혼자서는 할 수 없는 큰일을 전개하는 곳이다. 전체를 혼자서는 하기 힘들기 때문에 분담하는 것이다. 부족한 부분을 언제든 서로 보완하지 않으면 언젠가는 상호간의 업무가 단절되고 고립되어 버린다. 조회나 직장회의, 미팅 등은 이런 정보를 공유하기 위해 존재한다. 서로 이야기하면서 상대방도 같은 생각을 하고 있다고 확인하는 것만으로도 매우 큰 성과를 얻는 것이다. 무엇을 생각하고 있는지 잘 모른다는 것은 상대방으로 하여금 큰 불안을 가지게 하기 때문이다. 자신이 무엇을 어디까지 알고 있는지 확인할 수 있다는 것은 일을 원활하게 진행하는 데 없어서는 안 될 중요한 조건이다.

상대방과 협의함에 따라 얻는 효용들은 다음과 같다.

① 알고 있는 것의 범위를 확인할 수 있다.

② 새롭게 알아야 할 것들을 체크할 수 있다.

③ 정보를 갖고 있는 사람은 그 조건에 있어서 임원, 경험, 성별 등과 관계없이 리더십을 발휘할 수 있다.

④ 꼭 해야 한다는 의식이 모두에게 각인될 수 있다.

⑤ 어떻게 하면 좋은지 지혜를 모으고 의견을 낼 수 있다.

본격적인 문제해결 회의가 아닌 평상시에도 '협의'를 통해서 얻을 수 있는 것들이 있음을 알 수 있다.

다섯째, 낭비 없는 합리적인 사무 처리와 근본적 문제를 발견해 해결하려는 노력이 필요하다

C-50 운동은 도요타 자동차가 회사의 위기를 맞아 펼쳤던 경비 절감 사무혁신 운동이다. C는 도전(challenge)이고, 그 내용은 누구나 잘 알면서 무심코 지나치기 쉬운 세 가지 사무혁신이다. 바로 모든 일의 리드 타임(lead time)을 50% 줄이는 것, 모든 서류를 50% 줄이는 것, 모든 회의를 50% 줄이는 것이다.

사무를 귀찮게 생각해서는 안 된다. 어떤 일이라도 사무부문을 동반하지 않는 일은 없다. 그러나 다행히도 사무부문은 규격화하기 쉽다. 사무가 순조롭게 막힘없이 진행이 될 수 있는 것은 적정하게 규격화되었기 때문이다. 흔히 사무라고 하면 판단업무나 기획업무 등으로, 사무 처리의 신속함, 정확함, 적절한 타이밍을 말한다. 일을 보다 효율적으로 하기 위해서는 기초가 되는 사무부문을 확실히 다져야 한다.

일의 개선부분에서 건수가 가장 많은 것 중 하나가 이 사무 처리 부문이다. 규격이 통일되어 있기 때문에 숙달되기 쉬우며 모순이나 막힘 등도 쉽게 찾아낼 수 있다. 하나하나의 개선은 비록 작을지라도 쌓이고 쌓이면 놀랄 만한 절감의 효과를 만들어 낸다. 쓸데없는 것에는 돈을 들이지 말라는 것이 경영의 철칙이기는 하지만, 이것은 사원 하나하나의 의식과 실천에 따라 크게 달라진다.

새로운 일, 큰 기획을 하려는 때인 만큼 효율이 좋은 운영이 필요 하다. '어떤 시스템으로 어떤 기기를 바꾸고 어떻게 사무 처리를 해 가면 낭비가 없을까?' 라고, 평상시에도 늘 새롭게 볼 수 있는 눈을 갖고 확인해 가야 하는 것을 잊어서는 안 되겠다.

여섯째, 고정관념에서 탈피하고
시점을 바꿔 엉뚱함을 추구하라

히트 상품을 개발하기 위해 남과 다른 발상을 하기란 생각처럼 쉬운 일이 아니다. 그러나 '시점 바꾸기'를 실천해 보면, 뇌의 유연성을 회복하고 색다른 아이디어를 떠올리는 데 상당한 도움이 될 것이다.

시점 바꾸기, 즉 남들과 다른 발상은 고정관념을 탈피해 크기나 형식을 완전히 바꾸고 새로움을 추구하는 자세에서 나온다. 예를 들어, 컴퓨터 하면 자판, 자판 하면 컴퓨터라는 고정관념이 우리에게는 뿌리 박혀 있다. 그래서 보통 사람들이라면 '자판을 이렇게 바꿔서……' 하는 생각에서부터 출발하기 쉽다. 하지만 처음부터 아예 자판이 없는 경우를 상상해 보면 어떨까? 즉 손으로 직접 쓰거나 말이나 뇌파로 입력하는 방법 등 좀 더 상상의 나래를 펴면 기발한 발상은 무한하다. 실제로 뇌에서 직접 '팔을 움직여!'라는 명령을 내려 로봇의 팔을 움직이게 하는 실험이 최근 성공을 거두기도 했다.

자신이 처한 시점, 아이의 시점, 소비자의 시점 등 보는 각도를 달리 하는 것도 하나의 방법이다. 눈높이를 어디에 맞추느냐에 따라 작품이나 에피소드는 크게 달라진다. 스티커 사진의 예가 바로 그런 경우라 할 수 있다. 어린이용 상품을 기획하는 어떤 사람이 증명사진을 찍는 기계 앞에서 고등학생들이 왁자지껄하게 떠들며 사진을 찍는 모습을 보고, 사진을 스티커처럼 뗐다 붙였다 하거나 사진 테두리에 장식을 덧입히면 젊은이들이 좀 더 좋아하지 않을까 하는 생각을 했다. 그 결과 탄생한 것이 바로 스티커 사진이다. 또 최근 화제가 된 강아지 소리를 번역하는 기계는 '강아지가 인간의 언어를 구사할 수 있다면 어떻게 될까?' 라는 엉뚱한 생각에서 나온 결과라고 한다.

아이디어는 쥐어짜내는 것이 아니라, 눈앞에 있는 것에서 힌트를 얻는 경우가 더 많다. 일상생활에서 문득 '이랬으면, 저랬으면' 하는 바람을 가진 적이 있는가? 그럴 때가 바로 시점의 전환이 발상의 전환으로 이어질 수 있는 순간이다. 다양한 시점에서 보고 매사를 뒤집어서 생각하라. 세상을 깜짝 놀라게 할 아이디어가 분명 당신 머릿속에 숨어 있을 것이다. 세상을 바꾸어 놓는 아이디어는 억지로 생각을 짜낼 때보다는 우리가 통념적으로 가지고 있는 생각들에서 벗어날 때, 우리의 눈앞에 놓인 것에 대해 마음껏 엉뚱한 상상의 나래를 펼 수 있을 때 갑자기 생겨나는 경우가 많다. 일상생활 속에서 문득 '이랬으면 좋겠다' 라고 생각한 그 순간을 놓치지 말고 당신만의 아이디어로 발전시켜 보는 것이 중요하다.

Reverse...
Imagination...
Creation...

뒤집고, 상상하고, 창조하라! 삼성&도요타 창조경영

삼성의 변신술, 혁신과 창조경영을 배운다

혁신(革新)의 혁(革)은 '갓 벗겨낸 가죽(皮)을 버리고 새롭게 만든 가죽(革)'을 말하는 것으로, 면모를 일신한다는 뜻을 갖고 있다. 혁신은 가죽을 벗기는 아픔을 이겨내야 한다는 뜻도 동시에 내포하고 있다. 혁신을 멈춘다는 것은 곧 사망을 뜻한다.

Creative Power
Samsung&Toyota

1) 삼성 혁명의 시작,
아내와 자식 빼고 다 버려라

절박함은 혁신을 촉진시킨다. 그리고 혁신을 위해 꼭 필요 불가결한 것이 창조력이라는 단어이다. 절박함이 창조력을 발휘하게 하고 그 창조된 아이디어에 의해 혁신활동이 진행되는데, 이것을 변화의 속성이라고도 할 수 있다. 그러나 절박함이 변화를 쉽게 하기는 하지만, 그것을 느꼈을 때는 소 잃고 외양간 고치는 것처럼 이미 늦은 경우가 태반이다.

혁신의 성공요체는 절박함의 인식이다

창조력을 발휘하려고 해도 범위가 한정되어 있어서 혁신을 포기하는 경우도 많다. 폐암에 걸린 사람은 담배를 끊는 데 어려움이 없다. 위암에 걸린 사람은 술을 끊는 데 문제가 없다. 의사를 통해, 끊지 않으면 죽는다는 절박함을 확인했기 때문이다. 그러나 이미 늦다. 마찬가지로 사전에 미래의 절박함을 인식하고 미리 대응하거나 준비하지 않고 스스로를 전환시키는 데 실패한 기업이나 사람은 자기 자신의 미래의 삶을 보장 받기 어렵다.

그러므로 현명한 사람들은 미리 절박함을 인식하고 미래를 창조적으로 준비한다. 삼성의 이건희 회장은 취임 1년 후인 1988년 제2의 창업을 선언하고 미래를 위해 창조적 혁신을 요구했다. 그러나 임직원들은 선대 회장인 호암 이병철 선생 때부터 이어져 온 삼성 제일이라는 착각의 틀에서 벗어나지 못하고 몇 년이 지나도 변하는 것이 없었다.

국내 최고라는 착각에 빠져서, 글로벌 시장인 미국이나 유럽시장에서 싸구려 취급을 받는데도 그래도 우리 제품이 수출되고 있다는 것에 만족하고 있었다.

이건희 회장의 이러한 절박함을 내부에서 잘 인식하지 못하자, 그는 1993년 6월 7일 '프랑크푸르트 선언' 을 발표했다. 동경, 런던, 프랑크푸르트 등 글로벌 현장으로 임원들을 직접 불러서 삼성의 현주소를 해외에서 직접 느끼게 하고, 회장이 직접 강의를 하면서 '양보다 질' 경영이 시작되어야 한다고 강조했다. 미래를 미리 예견하고, '지금은 좋다. 그러나 5년 후, 10년 후 우리는 무엇을 먹고 살 수 있을까를 생각하면 등에서 땀이 날 정도다' 라고 고백하며 신 경영을 하지 않으면 삼성 전체가 사라질 것이라고 주장한 것이다.

변화하지 않으면 생존을 보장받을 수 없다

그리고 이건희 회장은 위기를 타파하기 위해 "아내와 자식만 빼고 다 바꿔라!"라고 강력한 변화와 철저한 혁신을 당부했다. 그러나 임직원들이 별로 관심도 없고 바꾸지 않자 다시 "아내와 자식만 빼고 다 버려라!"라고 다시 한 번 강조했다.

고정관념과 타성에서 벗어나지 않으면 글로벌 경쟁력을 더 이상 확보하지 못한다는 위기의식 아래, 회장이 직접 나서서 '질' 위주 경영으로의 전환을 선언하고 신 경영의 깃발을 높이 든 것이다.

변화하지 않으면 생존을 보장받을 수 없지만 환골탈태하면 새로운 지평을 열 수 있으므로 글로벌 톱을 향해 돌진하자고 비서실에서 독려하고 그동안 없었던 사장단의 혁신활동에 대한 평가도 사장단 인사 점수에 반영하였다. 또한 신 경영에 대한 성과를 사별로 평가하기 시작했다.

또한 7·4제를 도입하여 하루 출퇴근 시간을 2시간 절약하는 효과를 직접 체험하게 했다. 7·4제는 아침 7시에 출근해서 오후 4시에 퇴근하는 제도로, 이렇게 하면 출퇴근 러시아워 시간을 피하게 된다. 따라서 서울에서 삼성전자 수원공장까지 걸리는 출근시간이

2시간에서 1시간으로 줄어들고, 퇴근시간도 1시간 줄어들어 하루 토탈 2시간의 자기 시간을 가질 수 있게 된다.

사람들은 뭔가 바꾸거나 변화하면 본인에게 손해라는 생각을 가지고 있다. 7·4제는 실제로 바꿔 보면 시간도 절약되고 본인에게도 좋다는 점을 인식시켜 주기 위해서 만든 제도로, 삼성 신 경영에 불을 지피기 위해 이건희 회장이 직접 낸 아이디어이다.

그리하여 바꾸면 피해가 오고 본인에게 마이너스 요인이 되는 게 아니라, 플러스 요인이 됨을 직접 몸으로 느끼게 하였다. 즉 하루 2시간씩 시간이 절약되므로 1년에 한 달은 자신을 위해 사용할 수 있는 시간을 벌 수 있다. 따라서 7·4제 이후부터는 바꾸면 좋다는 공감대가 형성되었다.

그 후 도요타 생산방식을 도입하여, 불량박멸을 위해 냉장고 라인에 라인 스톱제를 도입하여 양 위주의 사고를 질 위주의 사고로 전환하는 계기를 마련하였다. 또한 불량은 수리하면 된다는 사고에서, 불량은 한 개라도 만들어서는 안 된다는 방식으로 사고의 틀을 바꾸었다. 그리고 물건을 팔아서는 적자이고, A/S로 돈을 버는 구조를 바꾸기 위해 혁신의 바람이 불기 시작했다.

이와 같이 14년 동안 꾸준하게 혁신을 추진해 온 결과, 삼성은 108억 달러의 브랜드 가치를 달성했을 뿐만 아니라, 외국 투자가들이 최고로 선호하는 기업으로 바뀌었다. 또한 신 경영 10년 만에 수익이 66배 증가했고, 메모리 반도체, 평면 TV 등 세계 일등 제품들이 20여 종류 이상 탄생하기 시작했다. 그리고 IMF, 외환위기도 한 발 앞서서 준비했기 때문에 대우그룹이 망하는 어려움 속에서도 삼성은 위기를 기회로 만들었다. 10년 전 삼성그룹의 순이익은 2,300억 원 정도였으나, 창조적 혁신활동 후에는 15조 원으로 상승하는 혁신의 효과를 보았다.

가죽을 벗기는 아픔을 감수해야 새 가죽을 탄생시킬 수 있다

삼성은 미래의 절박함을 미리 현재로 이끌고 들어왔고, 아직 여유가 있을 때 현재의 행동에 연결시켜 미래를 위한 창조적인 변화를 모색하는 데 성공한 것이다.

혁신(革新)의 혁(革)은 '갓 벗겨낸 가죽(皮)을 버리고 새롭게 만든 가죽(革)'을 말하는 것으로, 면모를 일신한다는 뜻을 갖고 있다. 즉 혁신은 경쟁우위를 창출하거나 잠재적인 위기를 돌파하고 역량을 구비하기 위해 기존의 것을 새롭게 바꾸거나 고치는 것을 뜻한다. 혁신은 가죽을 벗기는 아픔을 이겨내야 한다는 뜻도 동시에 내포하고 있다. 혁신을 멈춘다는 것은 곧 사망을 뜻한다. 지속적으로 가죽을 벗기는 아픔을 감수하면서 기꺼이 새로움을 추구하는, 즉 혁신을 즐기는 생명체만이 진정한 강자가 될 수 있다. 강한 종이 살아남는 것이 아니라 혁신하는 종이 살아남는다고 찰스 다윈은 강조하고 있다.

기업이나 사람도 변화할 수 있다면 아직 끝난 것이 아니다. 또 다른 것으로 시작할 수 있기 때문이다. 미래의 절박함을 느끼는 순간 더 나은 미래를 만들기 위해 어느 시점에서든 우리는 깨달을 수 있고, 바꿀 수 있고, 다시 시작할 수 있다.

이것이 변화의 위대한 점이다. 변화를 통하여 우리는 어제보다 나아지고 아름다워질 수 있다.

창조의 두 가지 기둥, 발명과 혁신

창조에는 두 가지가 있다. 하나는 이제까지 세상에 없던 것을 만들어내는 발명(Invention)이고 다른 하나는 기존에 있던 것을 고치거나 새롭게 하는 혁신(Innovation)이다. 따라서 혁신도 창조의 큰 기둥임을 잘 인식해야 한다.

발명은 무에서 유를 창조하는 것이지만 혁신은 그렇지 않다. 혁신은 하나의 존재가 더 나은 존재로 변화해 가는 것이다. 따라서 혁신은 더 나은 기업으로, 더 나은 사람으로 거듭나는 것을 의미한다.

마이크로소프트사의 회장인 빌 게이츠는 다음과 같이 변화를 강조 했다. "나는 힘이 센 강자도 아니고, 그렇다고 두뇌가 뛰어난 천재도 아닙니다. 날마다 새롭게 변했을 뿐입니다. 그것이 우리 회사의 성공 비결입니다. ‘Change’ 의 g를 c로 바꿔보십시오. ‘Chance’ 가 되지 않습니까? 변화 속에 반드시 기회가 숨어있습니다.”

그리고 혁신에 대해 중요하게 인식해야 할 점은, 혁신은 여행이 아니라는 것이다. 여행은 ‘돌아옴을 전제로 한 출발’ 이기 때문이다. 그렇기 때문에 혁신은 과거의 자리에 미련을 가지면 안 된다. 과거로의 회귀를 생각한다면 절박함을 아직 느끼지 못했다고도 할 수 있다. 따라서 절박하지 않으면 변할 수 없고 혁신에 성공할 수도 없다.

이건희 회장은 미래에 대한 절박함 때문에 품질경영을 위해 500억 원어치 불량품을 소각하여 투철한 개혁의지를 보여 주었다. 또한 7 · 4제는 개인능력 계발을 위한 것으로 포장을 했지만, 변하면 개인에게도 좋다는 것을 스스로 인식시키기 위해서 만들어진 출퇴근 혁신이었다. 윤종용 부회장 등 떠난 인물을 재 등용하는 결단과 능력을 최대한 발휘하게 하는 스톡옵션 제도, 회사별 등급에 따른 보너스 차별 지급 등 동기부여제도 도입도 혁신을 가속화시키는 데 큰 역할을 했다.

협력업체 대표를 삼성의 사장처럼 예우하는 등 중소기업과 공존하는 체제를 정착시켜 납품하는 제품의 품질을 변화시켰고, 협력업체에 항상 상전의식을 갖고 지시 일변도로 업무를 처리를 하는 나쁜 습관을 버리게 했다. 이와 같이 삼성은 혁신을 성공시켜 세계 속의 강자로 재탄생하였다.

특히 종업원 인당 특허 출원 건수를 보면 각 기업의 창조경영 성숙도를 알 수 있다. 삼성전자는 2.32건, LG전자는 1.72건, 포스코 1.47건, 한국전력 0.09건, 현대자동차 1.55건이다. 이것만 보아도 삼성전자가 미래에도 계속 선두를 달릴 수 있다고 확신할 수 있다.

삼성이 이와 같이 글로벌 일류로 바뀌게 된 중요한 요인 중 하나가 미래를 예견할 수 있는 유능한 리더가 있었고 그 리더가 임원들에게 미래의 절박함을 국내에서가 아니라 해외에서 직접 느끼게 함으로써 공감대 형성에 성공하였다는 점이다.

이데이 노부유키 소니 회장도 "삼성전자가 국내 최고에서 세계 초일류 기업으로 성장한 것은 국내 일류 기업에 만족하지 않고 '변하지 않으면 살아남을 수 없다. 아내와 자식들을 제외하고 모두 버리라' 라고 주장하는, 1993년 시작된 이건희 회장의 '신 경영' 실천에 의한 것이라고 할 수 있다"라고 삼성이 추진한 신 경영에 대해 칭찬을 아끼지 않았다.

2) 신 경영 2기의 화두, '한 명의 천재가 10만 명을 먹여 살린다'

삼성은 종업원을 뽑을 때 유명한 역술인이 함께 면접을 볼 정도로 정성을 들인다. 외부 인재를 스카우트하는 일도 소홀히 하지 않고, 뽑은 사람을 훌륭한 인재로 잘 양성하는 것으로도 유명하다. 선대 회장은 우리나라 최초로 기업연수원을 지어 자주 교육현장을 방문했으며, 삼성회장이라는 직함 외에 갖고 있는 유일한 또 하나의 직함이 바로 삼성연수원장일 정도로 교육에 대단한 관심을 갖고 있었다. 일단 삼성에 입사하면 삼성인력개발원에서 신입사원 때부터 계층별로 중간관리자, 고급관리자, 임원급까지 양성 프로그램이 체계적으로 이루어진다.

나는 아직도 인재 찾기에 배가 고프다

선대 회장의 인재경영과 일등주의에서 나온 좋은 대우, 좋은 인재, 철저한 능력위주 인사라는 경영철학이 있었기에 인력개발원에서 철저한 교육이 실시되었고, 그곳에서 양성된 인재들의 활약으로 오늘의 삼성그룹이 있게 된 것이라고도 할 수 있다. 이건희 회장 대에 와서는 초일류 기업으로 한 단계 도약하기 위해서 천재적인 아이디어와 기술을 가진 천재가 필요하다고 2003년 6월부터 강조하기 시작했다. 디자인 천재, 설계 천재, 생산기술 천재, 연구개발 천재 등 분야별로 천재급 인재만 있으면 21세기 두뇌전쟁에서 이겨 삼성이 더욱 발전하고 세계적인 초일류 기업이 되는 데 문제가 없다는 논리이다.

과거에는 10만 명, 20만 명의 서민들이 상업을 하거나 농사를 지어 군주나 왕을 먹여 살렸지만 21세기에는 천재 한 사람이 10만 명이나 20만 명을 먹여 살리게 된다. 빌 게이츠는 MS에 핵심인재 20명이 없었다면 오늘의 MS는 존재하지 않았을 것이라고 말할 정도로 천재 한 사람의 역할을 중요하게 생각했다. 잭 웰치는 "내 시간의 75%는 핵심인재를 찾고, 배치하고, 보상하는 데 썼다"라고 고백할 정도로 인재의 중요성을 강조했다.

삼성의 천재경영은 외적으로 서서히 두각을 나타내기 시작했다. 수적으로도 서울대보다 석박사가 많다는 말까지 나올 정도로 삼성은 전체 직원 중 석박사의 비율이 높은 편이다.

이건희 회장이 "나는 아직도 인재 찾기에 배가 고프다"라며 천재

경영을 내세운 이면에는 초일류로 도약하기 위한 강한 몸부림이 있다고도 할 수 있다.

사실 인적자원밖에 없는 우리나라에서는 천재라도 많아야 치열한 글로벌 경쟁을 헤쳐 나갈 수 있다. 아시아만 해도 일본을 위시해서 싱가포르, 홍콩, 대만과의 경쟁이 힘겹기만 한데 또 중국이라는 거대 국가가 여기에 가세하고 있으니 향후 10년을 정말로 보장하기 힘들게 된 것이 사실이다. 옛날부터 중국은 부국강병과 인재를 적재적소에 배치하고 확보하는 것을 국가 경영목표로 삼아 백성을 다스렸으니, 앞으로 우리나라에 큰 위협을 안겨 주게 될 것이다. 후진타오 주석은 "중국은 13억 인구 대국보다는 인재 대국으로 거듭나야 한다"라고 강조하고 있다. 특히 후진타오 주석은 "중국으로 돌아오는 해외 유학파 인재에게는 1인당 3년간 3억 원을 지원하겠다"라는 전략을 제시하기도 했다.

1993년 신 경영 선언을 할 때만 해도 삼성의 제품은 세계시장에서 2류나 1.5류였다. 신 경영의 성과로 10년 이후 삼성은 세계 일류로 자리를 잡았고, 이제 초일류로 가기 위한 행보를 가속화시키고 있다. 신 경영 2기를 맞은 삼성은 평소 이건희 회장의 지론대로 10만 명을 먹여 살릴 수 있는 빌 게이츠 같은 이른바 '천재 키우기'를 화두로 삼았다.

출장 일정에는 반드시 인재 면접 일정을 추가한다

21세기는 경쟁이 극한 수준에 도달하므로 소수의 창조적 인재가 승패를 좌우하는 키를 쥐게 된다. 천재의 영입을 위해 삼성은 하버드 대학, 와튼 스쿨(Whatton School) 등 미국 내 8개 대학과 영국의 런던 비즈니스 스쿨, 스위스의 인시아드(INSEAD) 등 세계 10대 MBA 과정 출신 해외 인력의 면모를 파악하고 있다가 이들을 선발하여 삼성의 비밀병기라 불리는 미래전략 그룹에 배치하고 있다.

이들은 특히 해외기업 사례에 대한 구체적인 분석을 토대로 그룹의 미래 전략과 사업 방향을 수립하는 역할을 하고 있다. 또한 해외의 우수인재 유치를 위해 유럽과 미국뿐 아니라 과학기술이 강하고 인재 확보가 상대적으로 용이한 중국, 러시아, 베트남 등에서 일류대학에 갓 입학한 천재급 인력을 조기에 발굴해 학비와 생활비는 물론 해외 유학비까지 지원하고 있다.

삼성 CEO들은 해외 출장 일정에 박사급 인력 채용 인터뷰를 약방의 감초처럼 넣는다. 선진국 석박사 채용 프로젝트를 담당하는 해외 인력팀은 전 세계 주요 지역을 돌며 인재사냥에 나선다. 삼성이 세계적인 글로벌 기업으로 성장한 이면에는 글로벌 시각을 갖춘 핵심인재의 발굴, 육성이 있었던 것이다. 삼성은 인재확보에 수단과 방법을 가리지 않는다. 유능한 인재라고 판단하면 국경·나이·전공을 따지지 않는다. 인재발굴에 투입하는 돈에도 개의치 않는다. 고

위급 임원이 해외 출장 중이라도 인재확보에 문제가 생기면 출장 일
정을 미루기도 한다. 스카우트 대상자의 부인이나 부모를 만나 설득
작업에 나서기도 한다. 유비가 제갈량을 영입하기 위해 공을 들이는
것에 못지않다.

삼성의 차세대 핵심전략, 창조적인 글로벌 디자인

또한 삼성은 천재경영과 더불어 디자인을 차세대 핵심전략으로
선언하고, '월드 프리미엄 브랜드' 육성을 위한 4대 디자인 전략을
발표했다. 1996년 디자인 혁명을 선언한 데 이어 2005년 밀라노 가
구박람회에서 2차 디자인 혁명을 선언하기까지 최대의 화두로 삼고
있는 것이 디자인이다. 삼성은 디자인 분야에서도 천재급 인재 확보
에 힘쓰고 있다. 첨단기술 분야뿐 아니라 디자인에서도 세계 유행을
선도하는 최고의 디자이너를 영입하고 있다. 1996년에 650명 수준
이던 디자인 인력을 1,000명 이상으로 확충하였으며, 해외 유명 디
자이너에게 디자인 의뢰를 하는 것도 활발하게 진행하고 있다.

기존의 인재를 영입하는 것뿐 아니라 삼성장학재단을 통해 해외
로 유학을 가는 미래 핵심인력 100명을 뽑아 학비와 생활비, 연구개
발비 등을 지원한다. 또한 정기적으로 선발된 직원을 해외 MBA 과
정에 연수시켜 내부인력의 글로벌화도 강화하고 있다. 해외에 1년

동안 파견해 전문가로 키우는 지역전문가 제도는 글로벌 삼성의 위상을 높이는 데 크게 기여하고 있다.

글로벌 시장은 글로벌 인재를 필요로 한다. 기업들이 이처럼 글로벌 인재에 노력을 기울이는 것은 해외시장의 비중이 갈수록 커지고 있기 때문이다. 삼성전자의 매출 중 해외비중은 85% 정도에 달한다. 삼성뿐만 아니라 글로벌기업들의 해외시장 비중은 더욱 커질 것으로 보인다. 글로벌 인재는 기업의 경쟁력과 직결된다. 글로벌 기업들은 5년, 10년 뒤를 책임질 핵심인재가 기업의 미래를 좌우한다고 보고 있다. 국가도 예외일 수 없다. 국민소득 3만 달러 이상을 달성한 선진국들은 경제활동인구 대비 4% 정도의 핵심인재를 보유하고 있다고 한다. 그러나 우리나라의 핵심인재는 선진국에 미치지 못하는 실정이다.

국가와 기업의 미래가 글로벌 인재에 달려있다고 해도 지나친 말이 아닐 듯하다. 따라서 기업들 사이의 인재확보 전쟁은 날이 갈수록 치열해질 수밖에 없다. 대량생산 시대에서 다품종 다변량 생산 시대로 접어들면서 제품 라이프 사이클은 짧아지고 소비자의 요구는 다양해지고 있다. 기업들은 내수시장만이 아니라 글로벌 시장을 판매처로 삼고 다변화되고 있다. 기업이 세계시장으로 뻗어 가면 갈수록 세계 각지의 문화적인 특성과 소비자들의 구매패턴 등을 파악해야 하므로 그만큼 글로벌 인재들이 필요하게 된다. 선진국 대열에 진입하기 위해서는 핵심인재의 발굴, 육성이 시급하다.

3) 삼성, 왜 창조경영인가?

2002년부터 삼성은 신 경영이라는 깃발 아래서 글로벌 시장의 선두를 향한 힘찬 출발을 시작하였다. 초기 2년간은 '글로벌 경쟁력확보'라는 슬로건으로 품질향상에 노력을 하였으며 그 후 3년간은 '글로벌 일류기업 구현' 등 글로벌 지향의 경영 방침을 적극 추진하였다. 그런데 이제 5년 만에 삼성그룹이 경영 방침을 새롭게 바꾸기로 하였다.

초일류를 향한 힘찬 날갯짓, 창조경영

삼성은 14년간 강조해온 '글로벌 경쟁력 확보' 대신 2006년부터 이건희 회장이 강조해온 창조경영을 새로운 경영 화두로 정했다.

창조경영이 처음 언급된 것은 이건희 회장이 2006년 6월 말 계열사 사장단 회의를 주재한 자리에서이다. 당시 이 회장은 "잘 나간다고 자만하지 말고 항상 위기의식을 갖고 변화의 흐름을 파악해야 한다"라며 "과거에 해오던 대로 특허만 피해서 선진 기업의 것을 베끼는 것으로는 절대로 독자성이 생기지 않기 때문에 모든 것을 원점에서서 보고, 새로운 것을 찾아내는 창조성이 필요하다"라고 강조했다. 창조적 혁신의 결과물이라 할 수 있는 제품을 나열해 보면, 한국 독자기술로 '통신 종주국'이라 할 미국에 진출한 와이브로, 40나노 32기가 낸드플래시 개발을 가능케 한 CTF(Charge Trap Flash) 기술, 세계 LCD TV 시장을 선도하는 보르도 TV 등을 제시할 수 있다.

이러한 성과를 더 높이기 위해 2007년부터는 그룹의 경영방침을 '창조적 혁신과 도전'으로 정하고, 세계 정보기술(IT) 업계에서 확고한 리더십 강화, 지속적인 시장 선도 제품 창출, 외부 변수에 흔들리지 않는 고효율 경영체제 확립, 시장 추종자에서 창조자로 전환, 존경 받는 기업상 구현 등을 세부 실천과제로 정했다. 그 세부계획을 각 사에서 준비하여 세계 최고를 향해 다시 한 번 큰 날갯짓을 시작할 것으로 예상된다.

삼성이 5년 만에 창조-혁신-도전이라는 3가지가 연결된 새로운 화두를 던진 것이다. 도전 정신은 선대 회장시절부터 있어 온 것으로 반도체 사업이 그 성공케이스이다. 반면에 도전 속에는 실패가 반드시 따라오는데, 자동차 사업이 그 실패 사례라고도 할 수 있다.

그런데 2006년부터 '창조경영'이라는 화두를 던지고 수시로 강조했지만 그룹 각사의 움직임이 종래의 도전과 혁신이라는 범위를 벗어나지 못하고 있는 것에 만족하지 못했던 이건희 회장은 프랑크푸르트 선언과 비슷한 방식으로 다시 새로운 시도를 선택하였다.

1993년에 이건희 회장이 68일간 독일, 미국, 일본 등 해외로 호출된 임원진에게 현지의 선진화된 모습과 삼성의 모습을 비교하게 하고 그 차이를 뼈저리게 느끼게 한 후 '신 경영'을 선언했던 것처럼, 이번에는 2006년 9월에 미국 뉴욕을 기점으로 런던-두바이-요코하마로 이어진 40여 일간의 해외 출장 기간 동안 실 사례를 들어가면서 창조경영을 강조했다.

14년간의 도전과 혁신으로 삼성의 주력제품들이 글로벌 톱클래스 수준에 도달했다. 이건희 회장이 거듭 창조경영을 강조하는 이유는, 이제 초일류 기업으로서 고객의 니즈에 맞춘 혁신과 도전 그리고 새로운 시장을 개척해 나가는 경영의 창조성을 발휘해야 할 시기가 도래했음을 나타내는 것이기도 하다. 또한 앞으로 한 단계 더 높고 새로운 경영 패러다임이 필요하다는 판단에 따른 것으로 보인다.

신 경영은 당시 비서실의 주관하에 프로젝트 팀이 구성되어 신 경영 추진 매뉴얼과 이건희 회장의 철학과 사상 등을 정리한 자료, 강의 비디오 등을 각 사에 배포하여 그 내용을 기준으로 계획을 짤 수 있었다. 그러나 이제는 자율경영이 정착되어 있기 때문에 창조경영의 실천계획도 각 사별로 사업특성에 맞춘 안으로 차별화되어 재미 있는 내용들이 많이 등장하리라 생각한다.

해외에서 배우는 창조경영

이건희 회장은 "세계 일류가 되기 위해서는 남다른 발상과 최고 의 인재에 기반한 '창조경영' 이 필수적"이라는 말을 수시로 강조하 였다. 남다른 발상이란 기발하고 차별화된 창조력을 의미하며 이러 한 발상을 할 수 있는 천재 집단을 만들어 미래의 수종 사업을 많이 만들고, 10년 후 20년 후에도 삼성의 사세를 확장하고 글로벌 톱 기 업의 대열에 서자는 의미일 것이다.

또한 이건희 회장은, 셰이크 모하메드 두바이 국왕이 미래의 비전 을 세계가 주목하는 발전모델로 변화시켰듯이 삼성 각 사의 임원들 이 미래 성장 잠재력 향상을 위한 창조적 리더가 되어야 한다고 강 조하였다.

2006년에 이건희 회장은 영국 런던에서 삼성이 공식 스폰서로 후 원하는 스탬퍼드 브리지를 찾아 첼시와 애스턴 빌라의 경기를 관전 한 후 양해경 구주전략본부 사장, 김인수 구주총괄 부사장 등 동행 한 유럽 현지 경영진에게 "세계 최고 수준의 선수들이 뛰는 프리미어리그는 우수인력들이 펼치는 창조적 플레이의 경연장"이라면서 "기업에도 '프리미어식 창조적 경영'을 적용해 우수인력을 확보하고 양성해 나가는 것이 무엇보다 중요하다"라고 강조했다. "첼시의 인기가 높은 비결은 각 포지션별로 세계 최고의 선수를 확보하고 훌륭한 리더십을 갖춘 지도자, 구단의 아낌없는 지원 등 3박자가 잘 갖춰졌기 때문"이라고 하였다. 각 사에서는 세계적인 인재를 확보하고, 그 인재를 적재적소에 잘 활용하고 지도하는 능력 있는 리더가 되어야 하고, 더 나아가 창조적 인재가 마음껏 능력을 발휘하도록 지원을 아끼지 말라는 의미이기도 하다.

삼성은 유니폼과 홈구장 광고판 등에 삼성 브랜드를 사용할 수 있도록 첼시와 공식 스폰서 계약을 체결하였다. 이 계약 덕분에 마케팅 효과도 나타나서 2004년 27.5%였던 영국 내 삼성 브랜드 인지도가 47.8%로 향상되었으며, 휴대폰 판매도 2004년 290만 대에서 2006년 495만 대로 크게 성장했다.

세계 최첨단 제품들이 경쟁하는 뉴욕에서는 "20세기 경영과 21세기 경영은 다르다. 20세기에는 물건만 잘 만들면 1등이 됐지만 지금은 품질에 별 차이가 없다. 이곳의 최고급 소비자로부터 인정받아야 진정한 세계 최고 제품이 될 수 있다. 세계 일류 이상의 기업이 되기 위해서는 단순히 제품을 잘 만드는 수준을 뛰어넘어 글로벌 수준의 고객 니즈를 파악하고 이를 반영하기 위한 마케팅과 연구개발(R&D), 디자인 등 다방면에 걸쳐 복합적으로 어우러진 창조적인 것

을 만들어 내야 살아남을 수 있다"라고 창조적으로 사고하도록 주
문하였다.

창조경영의 수준은 마하경영으로

선대 회장의 호출이 있을 때는 무엇 때문에 부르는지 대개 짐작하
고 준비해서 갔지만 이건희 회장이 부르면 감을 잡지 못해 제일 어
렵다고 한다. 그런데 최근에는 무엇을 요구하는지를 미리 알고 간
다. 바로 '창조경영'과 '창조적 열정', '상상력'이란 세 단어이다.

이건희 회장은 어느 날 갑자기 "이것을 하라"라고 말하지 않는다.
한번 마음을 먹으면 사장단을 만날 때마다 계속 주문한다. 그 화두
가 실현되어 세계적으로 인정받을 때까지 계속 강조한다. 요즘 강조
하는 말은 남의 것이 아닌 삼성만의 독자적인 것을 만드는 '창조경
영'이다. 2006년 신년사에서 이건희 회장은 "삼성은 오랫동안 선진
기업을 뒤좇아 왔으나 지금은 쫓기는 입장에 서 있다"라며 "이젠 앞
선 자를 뒤따르던 쉬운 길에서 벗어나 새로운 길을 개척하는 선두에
서서 험난한 여정을 걸어야 한다"라고 밝혔다.

그리고 2006년 3월부터 시작된 전기전자 계열사 사장단과의 만남
에서 '마하경영', '마하론'을 새 화두로 제시했다. 초음속 제트기를
꿈꾸는 것일까? 그것은 바로 엔진만이 아니라 모든 부분이 변해야

한다는 말이다.

이건희 회장은 아직 삼성이 초일류 기업으로 성장했다고 생각하지 않는다. 그는 부단한 개혁을 통해서 전 부분에서 초일류를 이루는 진정한 글로벌 기업이 되어야 한다며 다음과 같이 말하고 있다. "일반 제트기의 속력은 마하 0.9 정도로, 음속의 조금 밑일 것이다. 그런데 엔진의 힘만 두 배가 되면 이것이 음속의 2배로 날 수 있는가? 천만의 말씀이다. 제트기가 음속을 돌파하려면 비행기를 둘러싼 모든 소재가 다 바뀌어야 한다. 재료공학부터 기초물리, 화학이 모두 동원되어야 하는 것이다. 그래야 일반 제트기에서 초음속 제트기로 넘어갈 수 있다. 설계도는 물론이고, 엔진을 포함한 각 부품을 완전히 다 바꾸어야 한다." "삼성의 약점을 보완하고 성장하려면, 삼성은 제트기에서 마하1이나 2가 되는 것이 아니고 마하3은 돼야 한다. 현재 삼성은 음속 이하의 수준인 만큼 진정한 글로벌 선진 기업이 되려면 한층 더 노력과 분발이 필요하다."

이건희 회장은 1993년 신 경영 때도 "보잉747이 공중으로 뜨면 불과 몇 분 안에 1만 미터까지 올라가야 한다. 만약 그 시간 안에 올라가지 못하거나 중간에 멈추면 그대로 추락하거나 공중폭발하고 만다"라고 하면서 강도 있고 지속적인 혁신을 주문했다.

마하경영을 위해서는 자율과 창의가 발휘되는 기업문화가 필요하고, 미래의 수종 사업이나 상품을 개발하여 새 바람을 일으킬 아이디어를 적극 창출해야 한다. 지금까지의 성과에 자만해서도 곤란하고 지나치게 위축되어 창의성을 죽여도 곤란하다.

이건희 회장은 삼성이 초일류 기업으로 성장하려면 전 부분에서의 부단한 개혁을 통해 철저한 변화를 만들어 내야 한다고 마하경영을 강조했다. 실제로 일반 비행기에 엔진만 초음속용으로 바꿔 장착한다면, 그 비행기는 초음속 비행을 견디지 못해 타버리거나 아예 이륙하기도 전에 폭발해 버리는 커다란 문제에 직면할 것이다. 비행기를 생각해 보면, 마하의 속도로 넘어가기 위해서 많은 부분이 바뀌고 발전해야 한다는 것은 너무나 당연한 이치이다.

그런데 기업의 조직이나 개인을 생각할 때는 초일류 기업으로 도약하기 위해서는 준비해야 할 것을 간과하고 있다. 눈에 잘 띄는 표면적인 개선만 하거나, 글로벌 표준이 아닌데도 그것을 고치지 않거나, 아니면 바꾸기가 쉬운 그런 부분만 개혁하고서 해외에 수출되는 것만으로 글로벌화를 위해 최선을 다했다고 자부하는 경우가 많다. 우리 기업이 초일류 회사가 되려면, 나 자신이 초일류 인재가 되려면 어떤 변화가 필요한지, 초음속 엔진은 무엇이고, 마하비행에 맞는 비행기 동체, 유리, 부품은 어떠해야 하며 특히 그 비행기를 정비하고 조정하는 사람이 바꾸어야 할 것이 무엇인지 체크하고 마하의 속도로 도약을 하기 위한 전 부분의 철저한 변화를 만들어 나가야 한다.

미래를 준비하는 미래연구회와 미래전략 그룹

삼성은 몇 년 전부터 미래기술연구회의를 주관하고 있다. 다양한 분야의 석학들과 함께 토론하고 고민하다 보면 미래에 '한국을 먹여 살릴 먹거리'에 대한 해답도 찾을 수 있을 것이라는 기대가 있기 때문이다.

삼성 측에서는 이윤우 부회장과 임형규 종합기술원장 등이 참석하고, 물리학 오세정, 행정학 염재호 교수, 경영학 김진우 교수, 화학 문대원 박사 등 아무런 연관이 없을 것 같은 이질적 분야의 학자들이 매달 한 차례씩 모여 토론을 한다. 애니메이션을 전공한 고욱 교수와 기계공학을 가르치는 박영필 교수, 국가 석학으로 선정된 물리학 임지순 교수, 의학 안규리 교수, 사회학 김용학 교수 등도 한때 참여했었다. 멤버들이 각자 전공 분야를 알기 쉽게 설명하거나 최신 흐름을 발표하는 방식으로 모임은 진행된다. 필요하면 외부 인사들을 초빙해 토론을 벌일 때도 있다. 이업종 교류회를 통해 업종은 다르지만 다른 가운데서 서로 경영의 새로운 방식을 배우는 것처럼, 전공은 다르지만 아이디어의 편승 작용을 기대하면서 서로에게 가르치고 배우며 토론하는 모임을 갖고 있는 것이다.

LG전자도 최근 전공이 다른 교수들과 공동 모임을 갖기로 했다. 우리의 제조기술은 세계 최고 수준에 도달해 있다. 그러므로 지금은 우리에게 새로운 아이디어나 개념이 절실하게 필요한 시점이다. 그런데 같은 분야를 전공한 사람끼리 만나면 아는 범위도 한정되어 있고 서로가 가지고 있는 고정관념의 틀을 깨지 못해 세계적인 제품이나 사업 아이디어를 좀처럼 찾기 힘들다. 그동안 기업들은 서로 전공이 다른 분야에는 별로 관심을 두지 않았지만 이제부터는 서로의 지식과 정보를 교환하면서 본격적으로 달라붙으면 큰 성과를 얻을 수 있을 것으로 보인다.

삼성에서 미래를 준비하는 또 다른 그룹이 본관 옆 건물 18층에 있는 '미래전략 그룹'이다. 이는 삼성의 외국 인재팀이라고도 할 수 있다. 이곳은 MBA 출신인 세계 톱 외국인 인재 20여 명이 모여서 일하는 조직이다. 1997년 7월 이건희 회장의 지시로 만들어졌으며, 삼성 임원들이 외국 현지에서 직접 채용한 인원들이 일하고 있는 곳이다. 미국, 프랑스, 영국, 벨기에 등에서 뽑은 인재들로 신규사업에서부터 전력업무까지 다양한 업무에 관여하고 있다. 계열사에서 의뢰한 경영컨설팅 업무를 포함해 글로벌 초일류를 향한 프로젝트들을 고급인재들이 소화해 내고 있는 것이다.

창조경영은 지혜인, 창조기업, 창조국가를 지향한다

21세기는 창조시대라고도 할 수 있다. 개인은 지혜인이 되어야 하고, 기업은 창조기업이, 국가는 창조국가가 돼야 한다. 농업시대, 공업시대, 정보화시대를 통과하고 남은 것은 인간만이 가지고 있는 생각하는 힘을 최대한 활용한 창조시대라고 할 수 있다. 그동안 기업은 생산성과 품질을 중시하는 경영을 해왔다. 이제는 창조성을 중시하는 창조경영을 해야 한다. 신이 인간에게만 유일하게 준 선물이 있다. 그것은 바로, 항상 새로움을 추구하는 창조성이다. 창조적 인재의 아이디어는 생산성을 20~30% 올리는 것에 그치지 않고 10배, 30배 올리게 한다. 아예 현재의 생산라인을 통째로 없애버려도 부품 하나로 기존의 제품을 대신하게 할 수도 있다.

일본의 노나카 교수가 언급한 지식경영은 명시적 지식과 암묵적 지식으로 구분하고, 현재 내가 알고 있는 지식을 횡적으로 전개해 주거나 자료화하는 것에 포인트를 맞추고 있기에 다분히 과거 지향적이라고 할 수 있다. 그러나 창조경영은 기업가와 경영자의 지식과 정보를 그대로 기업경영에 활용하지 않고, 그것을 기업과 경영에 유용하도록 가공하여 기업에 활용하는 경영이다. 기업경영에 유용한 새로운 것을 만들어서 활용하는 미래지향적이며 창조적인 경영방식이라고 할 수 있다.

인간의 두뇌는 컴퓨터 10만 대 분의 능력을 가지고 있지만 이것을 활용하지 않아서 평생 한 번도 사용해 보지 못하고 세상을 하직하는 사람이 많다. 잠재능력은 발휘하기만 하면 수확체증의 법칙(Increasing Returns of Scale, 투입된 생산요소가 늘어나면 늘어날수록 산출량이 기하급수적으로 증가하는 현상)이 작용하므로 그 성과가 크게 기대된다. 따라서 21세기 기업경영은 사람의 잠재능력을 충분히 발휘하게 하고 창조적인 새로움을 추구하면서 사람답게 일할 수 있도록 하는 창조경영이 되어야 하며, 이것은 미래를 더욱 행복하게 해주는 행복경영의 출발점이라고 할 수 있다.

4) 삼성의 혁신과 창조경영에서 배운다

잃어버린 13년, 일본 기업의 혁신과 창조의 성과와 명암

일본기업도 '잃어버린 13년' 동안 글로벌 초일류를 향한 혁신활동과 창조경영을 철저하게 실천하여 기업구조에 많은 차별화를 가져왔다. 불황을 극복하는 과정에서 부활한 기업과 그렇지 못한 기업으로 명확하게 갈렸다. 과거의 고정관념에서 벗어나 과감한 혁신과 창조경영을 실천한 기업은 살아남아 힘찬 재도약을 하고 있고, 그렇지 못한 기업은 과거에 아무리 잘 나가던 기업이라도 아직 생존을 걱정해야 하는 절박한 상황에 놓여 있다.

기업들은 어려운 환경 속에서 창조적인 제품이나 기술을 개발하였고, 생산방식 개선으로 비용 면에서 제조 경쟁력을 회복하는 노하우를 발견하였다. 연구개발에도 적극적으로 투자하여 특히 디지털 가전, 하이테크 부품, 소재에서 경쟁력이 회복되었다. 첨단소재 부품과의 연계를 중시하여 동남아에 나가 있던 조립업체를 본국으로 이전하는 업체도 늘어나고 있다. 또한 핵심기술이 해외로 유출돼 외국기업이 모방하는 일을 막기 위해 국내생산을 하고 특허등록도 하지 않는다.

다이킨 공업(에어컨)은 회복되는 내수시장에 신속하게 대응하기 위해서 철저한 개선을 통하여 적기·적량 생산, 단납기 대응으로 국내 1위 점유율을 유지하게 되었다. 같은 전자업계 내에서도 마쓰시타와 도시바, 캐논 등이 혁신과 창조에 성공한 그룹에 속하고 소니, 히타치, 산요 등은 생존이 불투명한 기업으로 전락했다.

기업간 명암이 갈리게 된 주요 요인은 최고 경영자의 창조적 리더십 그리고 선견력과 혁신에 대한 철저한 실천에 있다. 나카무라 쿠니오 사장이 마쓰시타의 개혁을 이끌었다면, 도시바에는 니시다 아쓰토시 사장이 있다. 사장에 취임하자마자 니시다는 비효율적인 부문을 과감히 정리하고, 반도체와 원자력발전소 건설 등 도시바가 강점을 가진 부문에 사업을 집중했다. 선택과 집중의 전략을 실천한 성과는 서서히 나타나고 있다. 도시바는 최근 낸드플래시의 세계시장 점유율을 2010년까지 40%로 끌어올려 삼성전자를 따라잡겠다고 계획했다. 또 미국 웨스팅하우스사를 41억 6,000만 달러에 인수하고, 원전건설 분야를 강화하는 등 공격적 경영을 펼치고 있다. 캐논은 일본 게이단렌(經團連, 일본경제단체연합회) 회장을 맡은 미타라이 후지오 회장이 이끌고 있다. 그는 부실사업 정리, 성과주의 도입, 조직체계의 슬림화 등 과감한 개혁을 통해 캐논을 글로벌 경쟁을 갖춘 기업으로 변모시켜 놓았다.

특히 도요타 생산방식을 도입하여 셀 생산방식으로의 전환을 가장 잘한 대표적인 기업으로 명성이 잘 알려져 있다. 한국의 롯데 캐논도 셀 방식으로 중국과의 비용 경쟁에서 이기고 있을 정도로 기업 경영에 잘 적용하고 있다. 미타라이 회장은 서구식 구조개혁을 무조건 따라가다가 실패한 후지쯔의 실패경험을 거울삼아 일본식 경영의 장점이라 생각하는 부분은 버리지 않고 발전시켜 나갔다.

그 한 가지 예가 전통적 일본 경영의 장점이라는 종신고용제를 버리지 않은 것이다. 서구식 방식을 도입하여 성과주의에 따른 개인 간 임금격차는 어느 기업보다 크지만, 대신 정년 때까지 해고하지 않는다는 것이다. 종신고용이라는 안정적 환경이 있어야 기술자가 실패를 두려워하지 않고 어려운 과제에 끊임없이 도전할 수 있다는 생각에서이다.

그동안 대부분 일본의 기업은 삼성의 신 경영처럼 주로 프로세스 혁신과 마인드 혁신에 집중하여 개선을 해온 결과 경쟁력을 많이 회복할 수 있었다. 그러나 일본에서도 이제는 글로벌 기업들이 인재확보와 제품 혁신, 그리고 창조에 경쟁을 집중하고 있다. 글로벌 기업들은 대부분 품질이나 비용, 납기 면에서 크게 차이가 없어졌다. 이제 남아 있는 경쟁은 제품이나 사업구조를 획기적으로 바꾸는 창조경영의 실천에 달려 있다.

이런 환경의 변화 때문에 이건희 삼성그룹 회장은 2006년부터 계속 창조경영이라는 화두를 던지고 있는 것이다. 이러한 삼성의 혁신과 창조경영에서 배워야 할 5가지 키워드를 정리해보자.

삼성의 혁신과 창조경영에서 배우는 5가지

① 미래를 예견하고, 방향이 옳다고 인식되면 과감하게 결단하는 창조적 리더가 되어라

이것은 미래의 수종사업이나 상품을 미리 준비하는 창조적 리더를 말한다. 두바이 국왕처럼 미래의 비전을 실현시키는 창조적 리더, 즉 현재는 좋지만 20년 후 석유가 바닥났을 때 무엇으로 먹고 살 것인가를 미리 예견하고 미래의 위기를 아직 여유가 있는 현재로 끌고 와서 여유가 있을 때 미래에 먹고 살 것을 준비하는 리더를 말한다.

삼성전자 반도체가 시작된 것은 1974년으로 이건희 회장이 동양방송 이사로 있을 때이다. 그 당시 경영진의 반대를 무릅쓰고, 이 사업은 반드시 성공할 수 있다고 예견하고 사재를 털어, 파산한 한국반도체를 인수하여 반도체 사업을 시작했다. 반도체 투자에는 천문

학적 액수가 들어가므로 전문경영인으로서는 투자를 쉽게 결정 내리지 못한다. 일본 기업들이 반도체 불황으로 설비투자를 주저하고 있을 때, 미래를 예견한 이건희 회장이 결정을 내려 주어서 삼성전자는 신규 라인을 증설하였고 1988년에 수요가 급증하자 13년간의 누적적자를 전부 해소할 수 있었다 .

삼성은 1992년에는 세계 최초로 8인치 라인을 만들고 그 다음 해에 메모리 분야에서 세계 1위가 되었다. 그리고 2006년 3월에는 32기가 플래시메모리 기반인 SSD(Solid State Disk)를, 9월에는 40나노 32기가 대용량 저장능력이 뛰어난 낸드플래시메모리(NAND Flash)와 초미세, 고용량, 고성능을 한꺼번에 실현시킨 CTF(Charge Trap Flash)를, 10월에는 50나노 1기가 D램, 12월에는 퓨전메모리 원D램을 세계 최초로 개발했다.

반도체 수명은 보통 3년이다. 그리고 제때에 시장에 내 놓으면 프리미엄이 붙지만 늦으면 30% 정도 가격이 하락한다. 삼성의 이와 같은 성과는 창조적 리더의 미래에 대한 선견력과 과감한 결단력으로 경쟁사와의 시간 싸움에서 이긴 결과이다.

② 창조적 리더는 세부적인 지시보다 화두를 던진다

이건희 회장은 기업 환경이 바뀌거나 경영 위기가 닥칠 때마다 '경영화두'를 던지며 새로운 변화를 이끌어왔다. 새로운 경쟁 환경과 미래의 흐름을 예견한 이건희 회장의 경영화두들은 하나같이 각

경영대학원이나 글로벌 기업들에 유행어로 부상했을 뿐 아니라 삼성그룹의 변화를 유도해 경영의 성과를 크게 이끌어내기도 했다.

1992년 위기경영, 1993년 신 경영, 1994년 천재경영, 1996년 시나리오 경영, 1997년 스피드 경영, 2001년 강소국론, 2003년 나눔경영, 2005년 디자인 경영, 2006년 마하경영과 창조적 경영 등이다.

이러한 화두를 던지면 각 사의 경영진부터 그 화두를 실천하기 위해 먼저 생각을 하게 된다. 상세한 내용은 없기 때문에 사별로 회장의 화두를 실천하기 위해 부하들과 활발하고 깊이 있게 토론을 진행한다. 각 사 사장 또한 부하들의 생각과 의식을 캐치해서 잘 이해할 수 있는 기회가 된다. 회장의 호출이 있을 때나 전략기획실을 통해 각 사별로 얻은 결론을 보고 하면 그 말을 듣고 회장도 나름대로 화두에 대한 개념을 재정립할 수도 있고, 생각했던 것과 차이가 나면 다시 생각하게 하는 화두를 던지는 것이다. 임원을 비롯하여 간부들에게 생각하고 지혜를 내게 하는 좋은 훈련방법이라고 할 수 있다.

화두를 던진다는 것은 인재들의 의견을 적극적으로 청취하기 위한 방법 중 하나이다. 지시 일변도인 방식으로는 부하들이 생각하지도 않고 다만 상사가 지시한 것만 해 놓고 기다릴 뿐이다. 그리고 그 지시한 것만 잘 해결하면 유능한 부하로 인정받는다. 이런 기업들은 주로 자수성가한 오너 기업이 많다. 조직이나 시스템으로 하는 것이 아니라 오너의 탁월한 능력으로 이끄는 원맨 경영이라고도 할 수 있다. 이런 기업들은 유능한 오너가 사라지고 나면 경영이 어려워진다. 대표적인 예가 현대그룹이라고 할 수 있다.

훌륭한 기업은 기술과 자본만으로 만들어지는 것이 아니다. 훌륭한 CEO의 현명한 결단과 추진력만 있다고 만들어지는 것도 아니다. 기업은 근본적으로 사람들의 조직이다. 자본을 집행하는 것도, 기술을 개발하고 활용하는 것도, 설비확장을 추진해 나가는 것도 결국은 그 조직에 속해 있는 사람들이 한다. 훌륭한 전략을 세운다고 해도 그것을 실행하는 것은 역시 사람들이다. 위대한 삼성그룹에는 위대한 인재들이 있다. 그 인재들의 의견을 화두제시를 통해 청취할 수 있는 것이다.

선대 회장은 3남인 이건희 회장을 후계자로 지명한 후 경청이라는 글을 붓으로 써 주면서 그것을 좌우명으로 삼게 했다. 즉 아랫사람의 말을 잘 듣고 부하의 생각하는 바를 알고 경영을 하라는 뜻이다.

화두를 던져서 그 화두에 대한 이해력과 실천의지를 각 사의 대표이사의 보고를 통해 학인할 수 있고, 구조조정 본부에서 그 실천결과를 정리하여 보고 받으므로 화두에 대한 성과를 서서히 확인할 수 있다.

그리고 이건희 회장과 임원들과의 사이에는 경륜이나 경험 등 시각의 차이가 많다. 화두제시를 통해서 이건희 회장과 임원들 사이에 있는 생각 차이를 소화할 시간을 제공해 주고 있다고도 할 수 있다. 상세하게 세부적으로 지시하면 서로간에 존재하는 인식이나 생각의 갭은 뒤로 제쳐두고 실행하기 위해 바로 달려가므로 영원히 그 갭은 메울 수 없기 때문이다.

이러한 훈련을 하는 것은 제3대 이재용 체제를 위한 준비라고도 할 수 있다. 이건희 회장의 생각과 같은 시각을 가진 경영자를 미리 육성해 둠으로써 아들에게 부족한 부분을 조직적으로 해결하려는 방법이 화두경영이라고도 할 수 있다.

③ 김밥 사상을 제품이나 공정에 집어넣어라

한정식처럼 단지 한 끼 먹기 위해 진수성찬을 차리는 것이 아니라, 같거나 더 나은 기능이나 성능을 가지도록 생략하고, 결합하고, 축소하고 재배열해서 김밥이나 주먹밥식으로 한방에 끝내라는 사상이다.

대표적으로 성공한 사례가 제2 퓨전메모리인 원D램이다. 원D램은 기능이 다른 모바일 D램을 하나로 합친 것이다. 휴대전화의 통신 기능을 하는 D램과 동영상 등 멀티미디어 기능을 담당하는 것을 결합한 제품이다. 데이터 처리 속도를 포함하여 휴대전화의 성능이 5배나 향상되는 효과가 있다. 조립공정도 줄고 자재, 품질관리, 비용 등에서 획기적으로 개선할 수 있는 김밥 사상의 실제 사례이다.

매출이 5배가 늘어도 라인 증설 없이 생산하는 가전제품 공장도 있다. 부품 500개인 제품에 김밥 사상을 넣어서 100개로 만들 수 있게 하였기 때문에 이것이 가능했던 것이다. 공장의 공간도 줄었다. 그리고 가격이 500$에서 20$가 되어도 이익이 나는 구조가 되게 혁신에 성공한 것도 김밥 사상의 실천 사례이다.

전자조립회사에는 공정에서 김밥 사상을 실천하여 크게 성과를 보고 있는데 이를 흔히들 셀 생산방식이라고 한다. 1995년 초반에 접어들면서 국내 매스컴을 통하여 셀 생산방식이 대대적으로 보도되기 시작하였고, 대기업들을 중심으로 본격적인 도입이 추진되기 시작하였다.

특히나 경기 침체와 무차별적인 가격파괴, 동남아 개발도상국들의 맹렬한 추격전에 고전하던 국내 기업들에게는 경쟁력 향상을 위한 희소식이 아닐 수 없었다. 수십 미터의 직선 컨베이어 라인에서 50여 명의 작업자에 의하여 생산되던 컴퓨터가, 단 3명에 의해 생산되다가 다시 개선하여 1명에 의해 생산된다면 그 누구도 관심을 갖지 않을 수 없을 것이다.

그러나 실제로는 이와 유사한 생산방식인 U라인(U-Line)이 1980년대 후반부터 국내에 도입되어 대기업을 중심으로 활발히 추진되었으며, A기업과 D기업 등에서는 이를 더욱 발전시켜 내부적으로 셀(Cell), 그룹(Group), 팀워크(Teamwork) 생산방식 등으로 명명하여 라인 혁신을 도모하고 있었다.

이러한 셀 생산방식은 1996년에 접어들면서부터 국내에서 성공 사례가 발표되기 시작하였고, 셀 신드롬이라고 불릴 정도로 급속도로 확산되기 시작하였다.

롯데캐논 안산공장은 셀 방식을 업그레이드하여 기종장(機種長, Cell Company Organization)방식을 만들었다. 종래의 셀 방식은 106미터의 컨베이어 벨트를 걷어내고 1명이 수십 개의 부품을 조립하는 형태였다. 개개인이 다양한 제품을 조립하기 위해서는 다능화가 되어야 하기 때문에 다능화 훈련에 주력하였다. 이렇게 되니 생산은 원활하게 진행되었으나 자재, 조달, 검사, 물류 간 의사소통이 원활하지 못해 혁신의 성과가 반감되었다.

이를 개선하여 제품별로 각각 50~100명으로 구성된 4개의 기종장 조직을 만들었다. 각 기종장 책임자가 발주에서 납품까지 흐름 전체를 스스로 의사 결정하여 운영하도록 했다. 그 결과는 대성공이었다. 셀 방식과 기종장제도의 결합으로 일인당 생산능력이 6%나 향상되었으며 재고는 75%나 절감되었다. 중국 캐논 공장보다 생산 원가를 20% 낮출 수 있게 되어 일본 본사 물량을 흡수할 수 있었다.

그러나 셀 방식을 도입할 때는 신중하게 추진해야 한다. 무리는 무리를 낳게 되어 최종적으로 "셀 생산방식은 우리에게 맞지 않는다"라고 하기도 하고, 또는 "아직 우리에게는 무리다"라는 부정적인 결론에 도달하여 중도에 포기하는 경우도 있다.

과거에 우리가 추진해 왔던 IE(Industrial Engineering, 산업공학 또는 시스템 공학), TOC(Theory of Constraints, 제약조건이론), TPM(Total Productive maintenance, 종합적 생산보전) 등 여러 가지

좋은 기법들도 그 결과가 기대했던 것만큼 만족스럽지 못했던 것은 사실이다. 투자에 비해 성과가 미미했던 것은 기법에 대한 이해 부족과 추진상의 문제라고 생각한다. 대부분 기법 그 자체가 목적이 되어 활동하다가 결국에는 또다시 새로운 기법으로 눈을 돌리는 악순환을 거듭하여 왔다.

어쨌든 현재까지 발표된 많은 생산 형태 중 가장 합리적이고 낭비가 적으며, 최근의 다품종 소량생산 형태에 적합한 생산방식은 U라인과 Cell라인으로 알려져 있다.

U라인은 일본의 도요타 자동차에서, Cell라인은 스웨덴의 볼보 자동차를 거쳐 미국의 컴팩 사에서 완성된 생산 시스템으로서, 현장의 낭비를 제로(Zero)화하여 다품종 소량생산 체계에 적합하도록 4M(Man, Machine, Material, Method)을 최적화시킨, 가장 경제적이며 슬림화된 라인이라고 할 수 있다.

그러나 이러한 라인의 형태가 중요한 것이 아니라, 이들 생산 시스템의 장점을 파악하여 자사의 실정에 맞게 도입함으로써 자사 고유의 생산 시스템을 구축하는 것이 더욱 중요한 일이라고 할 수 있다.

④ 혁신과 창조경영을 강력하게 추진하기 위해서는 BM(Bench-marking)이 특효약이다

삼성이 이와 같이 글로벌 기업이 된 주요한 요인 중 하나는 일본이라는 유능한 선생이 가까이 있었기 때문이다. 선대 회장은 해마다

연말 연초를 동경에서 지내며, 일본 언론의 경제기획 특별 프로그램이나 경제 전망 등을 보면서 자신의 사업구상을 정리하곤 했다. 이와 같이 동경에서 구상을 하는 계기가 된 것은 1959년 12월 말에 출장을 마치고 귀국하려고 했지만 서울에 폭설이 내려 비행기 이륙이 어려워지자 할 수 없이 연말을 일본에서 머물게 되었던 일이다.

그때 TV에서 다음 해의 경제 전망이나 환경변화 등을 총정리해 주는 프로그램을 보게 되어 삼성이 새해에 해야 할 사업이나 방향을 정하는 데 크게 도움이 되었다. 그리고 부족한 부분이 있으면 담당 기자를 만나기도 하고 전문가나 학자를 만나서 질문을 하면서 조언을 들었다. 신규사업에 대한 구상이 떠오르면 넓은 인맥을 활용하여 일본의 관련기업 대표를 만나서 궁금한 정보나 실제적인 사례도 들을 수 있었다.

앞서가는 일본기업의 방식을 철저하게 배워서 자기 나름대로 소화하고 귀국 즉시 비서실에 검토를 하게 하여 새로운 사업이나 일본의 경영방식이 삼성에 뿌리내리도록 했다. 이것은 선대 회장의 독특한 일본 BM 사례이다. 선대 회장은 매년 이렇게 해서 연초를 동경에서 보내게 되었으며 이를 '동경구상' 이라고 한다.

흔히 BM은 중간 관리자나 기술자가 하는 것으로 인식되고 있지만 삼성은 최고 의사결정자가 해외 선진 사례를 충분하게 배우고 듣고 인식한 후에 검토를 지시 내리므로 한번 시작되면 의사결정 속도도 빠르고 위로부터의 적극적인 지원을 통해 사업을 진행할 수 있다.

1997년 전후, 국내 기업들이 IMF의 혹독한 환경을 겪고 나서 미국식 경영 따라하기 바람과 함께 BPR(Business Process Reengineering, 업무재설계), TOC, 특히 제너럴 일렉트릭의 6시그마(생산에서의 결함과 낭비, 품질관리 문제를 제거하기 위해 데이터에 따라 일을 처리하는 경영철학) 같은 미국의 방법을 배우자는 열풍이 불었다. 특히 삼성, LG, 현대자동차를 중심으로 모토로라 및 제너럴 일렉트릭을 벤치마킹하기 위해 미국 방문 붐이 일었다. 국내 컨설팅 회사들이 채 기법을 익히기도 전에 기업이 나서서 직접 미국에서 기법을 도입하여 적용하는 현상이 발생했다.

특히 삼성 이건희 회장의 아들 이재용 씨는 제너럴 일렉트릭을 직접 방문하여 몇 개월간 연수를 하였으며 잭 웰치 회장이 직접 가르칠 정도로 관심을 보였다고 한다. 그 후 삼성의 각 사별로 6시그마 배우기 열풍이 불기 시작했으며 이 기법은 삼성의 품질 향상에 크게 기여를 했다. 삼성의 차기 후계자가 직접 배울 정도로 관심을 보이자 각 사의 임원들과 대표들은 6시그마를 공부할 수밖에 없었다. 경영자가 솔선수범해서 공부하다 보니 자사에 도입 필요성을 느끼는 것은 당연하고 교육비와 컨설팅 비용을 쉽게 사용할 수 있기 때문에 직원들에게 신속하게 교육시키고 그 결과 많은 성과를 얻을 수 있게 된 것이다.

6시그마를 배우기 이전에는 삼성을 비롯하여 국내 그룹사들이 도요타나 소니, 마쓰시타 등의 경영방식을 배우기 위해 많은 간부들을 일본으로 보내 연수를 실시하였지만, 일본경제가 장기 불황에 빠지자 배우기를 단념하는 분위기가 되었다. 그 후 IMF가 왔고 미국의 구조조정 전문컨설팅 회사들이 앞 다투어 들어와서 금융권을 비롯한 대기업이 막대한 비용을 지출하면서 구조조정 컨설팅을 하게 되었다. 이러한 미국의 경영방식에 대한 보급으로 일본 방식이 멀어져 갔으나 불황 속에서도 끊임없이 성장하는 도요타에 대한 기사가 연일 기사화되자 다시 2002년부터 국내 기업들이 도요타 배우기로 전환을 하여 관심을 갖기 시작했다. 도요타 경영혁신을 도입 중인 주요 회사는 삼성 전체 계열사이다.

삼성전자는 부회장 및 사장단과 이재용 전무를 비롯한 400여 명의 임원을 단체로 일본 도요타 자동차로 연수를 보냈다. 대부분의 임원이 1990년 전후에 도요타를 방문하여 교육을 받았지만, 다시 한 번 허리띠를 동여매는 각오를 다지기 위해서 위에서부터 솔선하여 교육을 받았던 것이다. 뒤를 이어 기술개발, 품질, 인사, 관리지원, 연구·개발 등 모든 부서에 걸쳐 500여 명 이상의 일선 간부들이 같은 기간에 나고야 지역의 기후차체라는 도요타협력회사에서 연수를 받았다. 세계 최고의 전자회사 임직원이 단체로 일본의 자동차 공장으로 간 이유는 매년 이익이 급속도로 증가하는, 돈 버는 도요타를 벤치마킹하기 위해서이다.

1993년 6월 7일 "프랑크푸르트 선언"으로 신 경영을 발표한 것도

BM 방식을 통해서였다. 동경, 런던, 프랑크푸르트 등 글로벌 현장으로 임원들을 직접 불러서 보고 느끼게 하고 삼성의 현주소를 해외에서 직접 느끼게 하며 회장이 직접 강의를 하면서 '양보다 질 경영'이 시작되어야 한다고 강조한 것이다. 2006년 9월에는 같은 BM 방식을 통해 미국 뉴욕을 기점으로 런던-두바이-요코하마로 이어진 40여 일간의 해외 출장 기간 동안 실 사례를 들어가면서 창조경영을 강조했다.

이러한 BM 방식은 초일류 기업을 따라잡기 위한 전략적 행동 강화 실행방식이라고도 할 수 있다. 즉 "백문이 불여일견"이라는 속담의 실천이며 삼성의 경영자와 간부가 위로부터 개혁을 일으키는 좋은 수단으로 활용되었다.

해외에서 직접 보고 느끼고 알게 하므로, 돌아와서 즉시 행동화하지 않으면 안 될 정도의 강박감을 갖게 된다. 안 것을 실천하지 않으면 가장 나쁘다는 점을 삼성 문화 속에서 잘 깨달았기 때문이다. BM을 하는 데 드는 돈은 삼성 문화를 향한 믿음에 대한 투자라고도 할 수 있다.

⑤ 노마디즘(Nomadism)을 가진 리더와 인재육성에 투자를 아끼지 마라

노마드(nomad)는 '유목민', '유랑자'를 뜻하는 용어다. 프랑스의 철학자 들뢰즈(Gilles Deleuze)가 그의 저서 『차이와 반복』(1968)

에서 노마드의 세계를 '시각이 돌아다니는 변화하는 세계'로 묘사하면서 새로운 개념으로 자리 잡은 용어이다. 노마디즘(Nomadism)은 우리말로는 유목주의로 번역된다. 기존의 가치와 삶의 방식을 부정하고 불모지를 옮겨 다니며 새로운 것을 창조해 내는 일체의 방식을 의미한다. 노마드란 공간적인 이동만을 가리키는 것이 아니라, 버려진 불모지를 새로운 생성의 땅으로 바꿔 가는 것, 곧 한 자리에 앉아서도 특정한 가치와 삶의 방식에 매달리지 않고 끊임없이 자신을 바꾸어 가는 창조적인 행위를 뜻한다. 철학적으로는 철학·문학·정신분석학·신화학·수학·경제학 등 학문 분야를 넘나들며 새로운 삶을 탐구하는 창조적 여행을 의미한다.

삼성은 그동안 노마디즘을 가진 리더와 인재를 많이 채용하고 육성했다. 신 경영을 통해 변화가 좋고 자신에게 도움이 된다는 것을 확실하게 느끼게 하였고 농경민 사고에서 유목민 사고로 바꾸어 끊임없이 창조적 여행을 즐기는 리더와 직원들이 많이 탄생했다. 창조적 유목민은 환경 때문에 'NO'라고 말하지 않고 새로운 방식의 대안을 항상 제시한다. 글로벌적으로 생각하고 현재의 환경에 굴하지 않는다. 또한 생각이 긍정적이며 한곳에 정착하기를 거부하고 끊임없이 새로운 것을 추구한다.

이러한 인재들의 노력 결과가 '반도체 세계 1위', 'LCD 세계 1위', '휴대폰 세계 3위'의 신화를 이룩해 내었다. 삼성은 이제 세계

속의 당당한 일류기업으로 성장하고 있다. 삼성의 상품은 곧 대한민국을 살리는 상품이요, 글로벌적인 상품이다. 세계는 삼성이 만들어 낸 기술력 있는 제품과 다른 어느 일류기업에도 뒤떨어지지 않는 삼성그룹의 인재에 주목한다. 거대한 기업들이 모두 쓰러져가는 위기의 순간에도, IMF 국가위기 속에서도 삼성은 일순간 글로벌 리더로 뛰어올랐다. 삼성의 이러한 힘과 성장 비결은 무엇일까? 그것은 바로 남다른 인재 육성방법, 세계적인 브레인을 끌어들이는 블랙홀 같은 삼성의 힘이다. 삼성전자의 연구개발 인력 중 박사급이 현재 약 2,900명 정도이다. 2000년에 1,000명 정도였는데 5년 만에 약 3배가 늘었다. 전체 직원이 83,000명 정도이므로 약 3.5%가 박사급이라는 말이다. 이들은 창조경영의 초음속 엔진을 마하 수준으로 움직이지 위해 확보한 인재들이다.

또한 창조와 혁신의 속도를 높이기 위해 중요한 것은 분야별 간판급 CEO들이 혁신과 창조경영에 대한 이건희 회장의 화두를 실천하기 위해 불철주야 달리기를 멈추지 않는다는 점이다. 그리고 그들을 성공하게 만든 것은 철저한 자기관리와 미래를 내다보는 창조적인 눈이었다. 이들은 단순한 경영자가 아니다. 관리의 대가, 기획의 대가, 반도체 개발의 대가, 핸드폰의 대가 혹은 어느 한 분야의 최고 전문가들이다. 삼성의 간판 스타 하면, 미국의 금융전문지 「배런스」에 의해 전 세계에서 가장 존경받는 최고 경영자 30인에 선정되기도 한

윤종용 삼성전자 부회장을 꼽는다. 해외 바이어 앞에서 휴대폰을 바닥에 내던져 그 성능을 증명할 만큼 불도저식으로 밀어붙이는 경영으로 유명하고, 휴대폰 하나로 세계를 제패한 이기태 삼성전자 기술 총괄 부회장, 매년 메모리 용량을 두 배로 증가하는 제품을 출시하는 메모리 신 성장론을 주장하여 황의 법칙을 정착시킨 황창규 반도체 총괄사장, 그리고 11년 동안 한 우물을 판 LCD 사업부 뚝심의 제왕 이상완 사장, 스탠퍼드대 박사출신인 권오연 LSI사업부 사장, 창조적 기획력과 파워로 삼성 SDI의 새 시대를 연 김순택 삼성 SDI 사장, 그룹의 살림을 책임진 대표적인 수비수로 이건희 회장의 그림자라는 별명을 가진 이학수 부회장 등이 혁신과 창조경영의 실천가이자 신봉자들이다. 이러한 리더에게 자율경영을 통해 노마디즘을 체득하게 하고 그 성과에 대해서는 스톡옵션이나 인센티브제도를 통하여 확실하게 보상하는 것이다.

그리고 이러한 리더들이 퇴직하면 기사, 비서, 집무실 등을 무료로 제공하고 임금 또한 3년간 지급해 퇴직 후의 생활도 불편하지 않게 최대한 보장을 해 주고 있다.

5) 삼성 창조경영의 최종 목표는 행복경영

요람에서 무덤까지 회사가 책임지는 행복경영

초일류 기업이란 고객을 생각하고 사회, 인류를 생각하면서 세계를 무대로 최고의 제품을 만들어 내는 기업이라고 삼성은 정의한다.

그런데 삼성에서는 초일류가 되기 위해서 삼성 직원들이 올바른 생각과 자세를 갖고 건전한 문화풍토가 조성되어야 한다고 강조한다. 인간미, 도덕성을 완벽하게 갖추고 국제인의 에티켓을 철저하게 지키며 세계를 바라보는 글로벌적 사고를 하는 삼성인이 되어야 초일류 기업의 직원이라고 할 수 있다는 것이다.

그리고 중요한 것은 본질을 바로 찾아가고, 근원과 뿌리를 제대로 찾자는 것이다. 더 나아가 본질적인 사명을 인식하면서 인류에 공헌한다는 생각하에 초일류 기업이 되도록 노력하는 삼성인이어야 한다고 말한다. 그래야 기업다운 기업이 된다는 것이다.

삼성이 초일류 기업이 되었을 때, 그 다음의 화두는 무엇이 남아 있을까? 삼성은 요람에서 무덤까지 회사가 책임지는 행복경영을 추구하고자 한다. 고객 행복, 주주 행복, 종업원 행복이라는 3가지 행복추구가 최종 목표이다.

그 중에서도 소속원들의 행복추구가 향후의 화두로 등장할 가능성이 많다. 세계 최고의 인재들이 삼성에 모인 것은 단순하게 먹고 살기 위해서가 아니라 삶의 질이 문제이기 때문이다. 삼성에 근무하면 경쟁 회사보다 나은 삶의 질을 누리고 행복한 삶을 누릴 수 있어야 초일류 삼성의 이름이 지속적으로 유지되리라 생각한다. 현재보다는 더 나은 미래가 보장되고 더 즐길 수 있고, 남도 도와주면서 더 크게 자랑할 수 있는, 미래가 기대되는 조직이어야 한다.

회사에 근무하면서 가족의 사생활 걱정, 자식 교육 걱정이 일에 영향을 주지 말아야 제대로 업무를 수행할 수 있다. 자신의 건강과 가족의 건강, 자녀의 교육, 사후의 문제까지 포함하여 사소한 집안 문제도 회사에서 해결해 주는 회사가 행복한 회사라고 생각한다. 가족이나 직원들이 병이 생기면 최우수 병원인 삼성병원에서 우선적으로 입원 치료를 받게 하고 병이 생기기 전에 건강검진을 철저하게 하여 사전에 건강관리 및 지도를 해주는 회사가 행복한 회사이다. 그리고 본인이 사망했을 때 삼성 공원묘지에 안장할 수 있는 권한을 주고 장례식도 회사 장례로 해결해 주는 회사, 그리고 자녀 교육은 회사에서 대학까지 맡아서 키워주고, 삼성직원들은 자식에게 먹고 입고 자는 것만 해결해 주면 되는 행복한 회사로 전환을 계획하고 있을 것이다.

이와 같이 삼성 직원들 개개인의 가족, 노후, 교육, 건강 등의 고민을 회사에서 해결해 주면 걱정거리가 없어진 직원들은 자연히 회사 일에 집중하게 되고 창조적 아이디어를 많이 내어서 글로벌 초일류의 기업으로 계속 존속, 번영하리라 생각한다. 결국 회사에서 요람에서 무덤까지 책임지고 여유 시간에는 인생의 여유를 즐기는 행복한 삶을 영위할 수 있는 것이다. 이렇게 되면 삼성에 근무한다는 사실만으로도 자부심을 가지게 되며 많은 사람들이 부러워하게 될 것이다. 삼성에 입사하는 것이 사법고시보다 더 어려워지는 때가 올 것이다.

이러한 행복 경영을 추구하기 위해서는 먼저 창조경영의 결실이 있어야 하고 전 직원이 창조적이고 도전적인 사람으로 바뀌어야 한다. 특히 1등은 실패를 먹고 산다는 말이 있듯이 실패를 두려워하지 말고 성공을 위한 프로세스로 인식을 하여야 세계의 강자로 영원히 남을 것이다.

최근에는 삼성이 추구하고자 하는 것 같은 직원의 행복경영을 위해 노력하는 회사들이 많다. 왜냐하면 불만이 있는 직원은 테러리스트이기 때문이다. 그들은 서비스의 질을 송두리째 파괴할 수 있다. 또 10−1=0이라는 공식처럼 종업원 10명이 잘해도 1명이 잘못하면 고객만족은 향상될 수 없기 때문이다.

소니의 모리타 회장은 "나의 경영이념은 '소니와 이해관계에 있는 모든 사람들에게 행복을 선사하는 것'이다. 그중에서도 특히 직원들의 행복이 나의 최대 관심사이다. 그들은 한번밖에 없는 인생의 가장 소중한 시기를 소니에 맡긴 사람들이기 때문에 반드시 행복해져야 한다"라고 행복경영을 강조했다.

IBM의 토마스 왓슨 회장은 "우리가 고객에게 잘해줘야 그들이 이득을 얻고 IBM 제품을 더 많이 산다. 또 우리는 직원에게 잘해야만 하고 그들에게 적절한 보상을 해주어 사기를 높여주어야 한다. 어떤 기업이 성공하느냐 실패하느냐의 실제 차이는 그 기업에 소속되어 있는 사람들의 재능과 열정을 얼마나 잘 이끌어 내느냐 하는 능력에 의해 좌우된다고 나는 믿는다"라고 했다. "고객과 직원, 이 두 요소만 잘 관리하면 세 번째인 주주는 자연스럽게 관리된다. 고객이 만족해하고 직원이 열심히 일하면 수익은 자연스럽게 올라가고 이에 따라 주가도 올라간다"라고, 주주보다 먼저 직원과 고객의 행복을 강조했다.

다음의 회사들은 직원 행복경영으로 성공한 사례들이다.

직원의 가족은 회사의 가족, SAS

이 회사의 직원들은 가족이 행복해 하는 것 때문에 스카우트 제의도 거절한다. 미국 노스캐롤라이나 주 캐리에 위치한 SAS(Statistical Analytical Software)라는 회사는 매출이 20억 달러 정도이며 포천 지가 선정한 '일하고 싶은 회사' 선정에서 매년 IT업계 1위를 차지한다.

가족처럼 편안한 분위기의 회사를 만드는 것이 경영원칙으로, 행복경영을 추구하는 대표적인 회사이다. 처음에는 통계 소프트웨어로 출발한 리서치회사였지만, 장단기 경제 예측, 기업 연구개발(R&D) 실험설계 등으로 사업을 확장하면서 지난 30년간 지속적인 성장을 해온 회사이다.

120만 평에 유명 건축가들이 지은 20여 개의 특징 있는 본사 건물에서 직원 대부분이 운동화에 청바지를 입고 일하고 있다. 비상장기업이라 다른 기업들처럼 스톡옵션으로 우수 인재를 붙잡아 둘 수도 없다.

하지만 복지 혜택이 잘 돼 있는 데다 업무 효율을 높일 수 있는 창의적인 조직 문화 때문에 직원의 가족들이 더 좋아하는 회사이다. 아이를 둔 직원은 아침에 회사 내 보육원에 아이를 맡겨놓고 일을 하다가 점심 때 아이와 같이 구내식당에서 식사를 한다. 이러한 좋은 제도 때문에 인근 주민들은 SAS 직원이 되는 게 소원이다. 어떤 직원은 아이들 때문에 SAS를 그만두지 못한다고 하기도 한다. 스트레스 관리 프로그램이나 요가, 에어로빅 등 레크리에이션 센터는 완전 무료이다. 센터 안에는 심리학자, 영양사, 마사지사, 물리치료사 등이 상주한다. 직원들 가족의 주치의도 있어 바로 연락해서 진료를 받을 수 있도록 편의를 제공하고 있다. 직원을 가족처럼 대접하기 때문에 결국 그 직원도 회사를 가족처럼 생각하게 된다는 것이다.

정년을 100세까지로 설정한 행복 전도사 휴넷

휴넷이라는 온라인 교육서비스 회사의 정년은 100세라고 한다. 100세까지, 건강이 허락하는 데까지 근무하도록 한다는 경영자의 의지이다. 이 회사는 철저하게 직원 행복경영을 추구하는 회사이다.

행복경영의 핵심 포인트는 직원들의 행복이다. 회사와 경영자는 직원들의 행복을 우선적으로 추구해 준다. 그렇게 하기 때문에 행복한 직원들은 고객을 만족시키고 고객 행복을 위해 최선을 다하게 되므로 이익은 저절로 생기고, 이익이 많아지면 주주도 배당을 받으므로 행복을 얻게 된다는 논리이다.

휴넷에서는 회사만 발전하는 것이 아니라 직원들이 회사와 같이 성장, 발전할 수 있도록 끊임없이 자기계발을 추구하게 한다. 일 년에 직원들이 365시간 공부를 하자는 취지에서 '365 학점제'를 시행하고 전 세계에서 가장 공부를 많이 시키는 회사가 되겠다는 비전을 가지고 있다.

직장인이 되면 경력이나 경험에 의존하여 공부를 많이 하지 않는 경향이 있는데, 고등학교 3학년보다 더 열심히 공부하는 직장인이 돼서 개인의 성공은 물론이고 조직의 성공, 국가의 성공까지 기대하는 행복경영 회사가 한국에 있다.

6) 창조경영 성공 사례

단순히 책을 파는 장소로 이해돼 왔던 서점도 창조경영에 성공하고 있다. 미국의 '보더스'나 '반즈앤노블'은 고객들이 책을 구매하기 이전과 이후 절차를 분석, 새로운 서비스를 제공하였고, 창업 6년도 안 돼 650개 이상의 대형 서점을 보유하면서 미국 내 최대 규모의 서적 체인들로 급성장했다. 고객이 서점에서 책을 선정하는 데 도움을 줄 수 있는 충분한 지식을 가진 직원을 고용하고, 편안하게 시간을 보낼 수 있도록 팔걸이의자와 탁자, 소파를 갖췄다. 이들은 서점을 단순히 책을 구매하는 장소가 아닌, 학습하고 발견하는 즐거움을 느끼는 공간으로 변화시켰다. 기존의 방식에서 탈피하여 서비스방식을 바꾼 프로세스 창조경영의 성공 사례이다.

창조경영에 성공한 기업들의 사례는 크게 3P로 분류할 수 있다. 제품이나 사업을 새롭게 창조하여 성공한 사례인 제품창조(Product creation) 기업, 기업 내 제반 업무 방식을 보다 효율적이고 창조적으로 바꾸는 프로세스 창조(Process creation) 기업, 종업원들이 특정한 가치와 삶의 방식에 매달리지 않고 끊임없이 자신을 바꾸어가는 창조적 인간창조(People creation)기업으로 구분하는 것이 바로 3P이다.

3M의 15% 법칙

3M은 미국 대학생들이 가장 들어가고 싶어하는 회사 중 하나이다. 미네소타 채광·제조회사(Minnesota Mining & Manufacturing)의 첫머리를 따서 3M이라는 회사 이름이 시작되었다. 1902년 철도원 출신인 헨리 S. 브라이언과 윌리엄 A. 맥고나글, 의사 J. 던레인버드, 변호사 존 드완, 푸줏간 주인 허몬 케이블 이렇게 5명이 함께 투자하여 미네소타 주의 슈피리어 호수에 면해 있는 투하버스(Two Harbors)에서 창립했고, 1910년에 미네소타 주 세인트폴로 옮겼다.

초기의 제품은 연마제로 시작하여 그 후 인조 샌드페이퍼를 생산하였다. 그 후 방수 샌드페이퍼, 셀로판 접착 테이프, 매스킹 테이프 등의 제품을 판매하였다. 페이퍼와 테이프 종류에서 출발하였지만 이제는 전자·정보기술 그룹, 그래픽 관계 용역 및 제품 그룹, 사진 필름과 접착제 등을 포함하는 산업 및 소비재 그룹, 건강제품 중심의 생명과학 그룹 등으로 나누어져 있다.

3M은 내실 있는 창조경영에 의하여 성장을 거듭하면서 사업 다각화가 이루어진 대표적인 기업이다. 그들은 적극적으로 해외진출에 힘써 매출액의 40% 이상을 수출부문에서 얻고 있다. 매출액은 약 200억 달러이며, 이 중에서 연구개발비에 11억 달러를 투자하고 있다. 1977년 9월에는 두산그룹과 3M이 공동투자하여 한국쓰리엠 주식회사를 설립, 운영하고 있다. 꾸준한 투자와 그에 따른 성장으로 2002년 말에는 연매출이 5,000억 원을 넘어섰으며, 1996년에는 두산그룹의 지분 40%를 3M사가 전액 인수해 현재는 100% 3M 투자회사가 되었다.

100년의 긴 역사 속에서 불경기엔 오히려 이익이 증가하는 회사인 3M의 놀라운 성장에는 3M이 갈고 닦은 창조경영의 노하우가 있다. 제품을 창조하는 기업도 3가지 종류로 구분할 수 있는데, 고객이 원치 않는 제품을 개발하는 기업과 고객이 원하는 제품을 개발하는 기업 그리고 고객의 니즈는 있으나 고객이 아직 모르는 제품을 새롭게 개발하는 기업이다.

3M은 고객이 원하는 것을 제공하려 노력하고 있다. 또한 3M은 고객이 원하는 것을 잘 알려고 노력하여 고객이 깨닫기 전에 그 해결책을 제공하고자 특별히 노력하고 있다. 실패를 비롯한 모든 시도에서 새로운 아이디어를 얻어내고, 우연한 아이디어를 공유해 개발

로 연결시키는 점에서 아주 우수한 기업이다.

3M의 창조적 문화의 핵심요소 중 하나로 15% 법칙이 있다. 그것은 임원이든 간부든 일반사원이든 간에 회사가 자신들에게 부여한 기본 업무 외에 새로운 아이디어를 탐색하고 창조적인 업무를 하는 데 총 근무시간 중 약 15%를 활용할 수 있다는 의미이다. 15% 법칙은 3M 내에서 기본 문화로 굳어 있지만 어떠한 규정집이 있거나 매뉴얼 속에 기록되어 있는 것은 아니다. 15%라는 것은 그렇게 강제적이 아니므로 사람에 따라서 어떤 이는 15% 이상을 쓰고 어떤 이는 15% 미만을 활용하며, 전혀 쓰지 않는 사람도 있다. 그러나 그 시간을 잘 사용하는 사람이 대우를 받고 승진도 빠르므로 15% 법칙은 3M에서 내려오는 하나의 전통적 문화로 자리 잡고 있다.

3M 제품 중 많은 것들은 종업원들이 15% 법칙의 시간 내에 창조적인 활동을 하여 개발한 것들이다. 15% 법칙 이외에도 창조경영의 성과를 얻기 위해 정한 또 다른 법칙이 있는데, 최근 4년 내에 개발한 신제품으로 매출의 30%를 올린다는 '30% 원칙', 상사가 모르는 비밀프로젝트를 권장하는 '밀주제도' 등의 제도를 운영하고 있다.

이러한 창조경영의 실천으로 탄생한 산물 중 대표적인 예가 포스트잇이다. 아트 프라이는 찬송가 책을 보다가 먼저 읽던 책장을 자꾸 잊어버려서 메모지를 끼워두었다. 그러나 종이 메모지는 미끄러져 떨어져버리기 때문에 '붙였다가 다시 뗄 수 있는 메모지가 있으면 좋겠다' 라고 생각했다. 그리고 15% 법칙 시간에, 찬송가의 어느 페이지를 표시하는 데 활용할 수 있으면서도 그것을 뗄 때에는 찬송가에 전혀 손상을 입히지 않을 정도로 접착성과 떼어짐이 적당한 접착제를 추구하였다. 그때 문득 어떤 직원이 접착제를 개발하다가 너무 접착력이 낮아 실패했다는 이야기가 생각났다. '그걸 바르면 되지 않을까' 라는 생각이 출발점이 되어 20세기 후반 최고 히트 문구류인 '포스트잇' 이 생겨났다.

그 후 3M 기술의 근간은 지속적으로 확대되어 갔고 비즈니스 또한 성장해 갔다. 종업원들은 고객의 니즈를 만족시키기 위한 새로운 방법들을 지속적으로 찾아갔다. 새롭게 생산되는 혁신적 제품들은 자동차의 부품들을 붙이는 데, 기저귀를 붙이는 데 사용됐다. 또한 컴퓨터 자료를 안전하게 보관할 수 있도록 백업 받을 수 있는 제품, 치과용 충진제, 건물을 깨끗하게 보관할 수 있는 제품을 잇달아 내놓았고 도서관의 도서 도난 방지를 위한 제품도 개발했다. 부피는 줄어들었지만 더 편안한 섬유 보온 소재도 만들어냈다.

이 밖에도 3M은 3P(Pollution Prevention Pays) 프로그램을 도입해 공해 발생을 근본적으로 방지하도록 노력하도록 종업원들에게 주문했다. 이로써 많은 양의 공해를 줄일 수 있게 되었고 제품, 공정, 일상 업무에서 발생하는 낭비를 많이 줄일 수 있게 되었다. OHP 제조 기술에서 출발한 미세 형상 복제기술을 기본으로 개발된 제품들은 고휘도 반사 고속도로용 사인, 소형 컴퓨터 스크린에 적용되었는데 이것은 3M 최초의 상품이었던 연마재에도 사용된다.

3M의 한 연구 팀은 솔벤트를 함유하지 않은 수용성 스카치가드 섬유 보호제를 개발했다. 이 팀의 리더는 바로 초기의 스카치가드 섬유 보호제 발명자 중 한 명의 아들이면서 동시에 3M 신세대 혁신가 모임의 일원이었다. 3M에서는 신제품 발명이 업무의 일부로 간주되므로 창조에 대한 인센티브는 지급되지 않는다. 창조적 개발자에게 가장 중요한 보너스는 동료들의 기억 속에 영원히 남는 '명예'이다. 그리고 다른 하나 중요한 인센티브는 3M 최초의 연구개발 사업부장이자 이후 3M 회장이 된 리처드 칼튼의 이름을 따서 만든 '칼튼 협회(Carlton Society)' 의 회원이 되는 것이다.

이 권한은 동료의 추천을 받은 후 회사에 대한 공헌도, 창조성 등을 고려해 결정되므로 노벨상 수상에 필적하는 명예로 인식된다. 역대 수상자들 중에는 로저 애플돈, 제프 니콜슨 그리고 포스트잇을 발명한 아트 프라이 등이 있다. 그리고 신규 사업의 매출이 1천만 달러 이상을 달성하는 경우에 수여되는 골든스텝 상이 있는데, 이것은 기술혁신의 실용적인 면을 표창하는 상이다.

최근에는 15% 법칙을 통해 개발된 획기적인 제품이나 사업을 창출한 직원들을 대상으로 혁신가상(Innovation Award)을 도입했다. 알다라 크림(Aldara Cream, 외부생식기 사마귀 치료를 위한 면역 조

절제)의 발명가인 리처드 밀러를 포함, 매년 10명 이상이 이 상을 수상하고 있다.

3M 창조경영의 출발은 1907년에 20살에 사서로 채용되고 후에 경리 사원이 된 경영학 전공 학생 윌리엄 맥나이트에 의해 출발했다고도 할 수 있다. 그는 자동차 차체 공장에서 주로 사용하는 사포가 유연하지 못한 것에 착안하여 유연성 있는 새로운 사포를 발명하게 하여 3M의 첫 배당을 이루게 한 인물이다.

윌리엄 맥나이트는 1907년에 3M에 사서로 입사했고, 이후 고속 승진을 계속해 1929년에 사장에 임명되었으며 1949년에는 최고 경영자로 선임됐다. 맥나이트의 최대 공헌은 그가 종업원들의 자발성과 창조적 혁신을 장려하는 기업 문화를 만들어 창조경영의 철학을 세웠다는 점이다. 그의 창조경영에 대한 기본 방침은 그의 어록에서 찾아볼 수 있다.

"우리의 사업이 성장을 계속하게 되면 우리 종업원들이 그들의 자발성을 충분히 발휘할 수 있도록 권한을 위임하고 그들을 격려할 필요성이 대단히 중요하게 대두될 것입니다. 이를 위해서는 상당한 포용력이 필요합니다. 우리가 책임과 권한을 위임한 사람들이 선의의 사람들이라면 그들은 자신들이 원하는 방식으로 일하기를 바랄 것입니다." "실수는 일어날 수 있습니다. 근본적으로 올바른 생각을 가진 종업원이 저지르는 실수는 장기적으로 볼 때 경영진이 권한을 내세워 종업원에게 일하는 방식을 조목조목 지시하는 실수보다는 심각한 일이 아니라고 봅니다.” “실수를 저질렀을 때 이를 경영진이 심하게 비판하는 것은 종업원의 자발성을 죽이는 행위입니다. 우리가 계속 성장하기 위해서는 자발적인 사람들이 필수적으로 필요합니다.”

그는 무척 열심히 일했고 3M의 사장과 최초의 회장이 되었다. 그의 지도력과 비전은 회사의 장래 모습을 그려내는 데 많은 기여를 했으며 윌리엄 맥나이트의 창조경영 철학은 3M이 세계적인 기업으로 성장하는 중요한 인프라가 되었다.

신제품과 신시장, 구전 마케팅으로 창조경영에 성공한 딤채

그동안 탄생했던 위대한 발명가들이 대부분 경제적으로 어려웠다는 사실을 생각하면 충격을 받는다. 그들이 창조는 할 수 있었지만 경영을 할 줄 몰랐기 때문이다. 에디슨 또한 위대한 발명가였지만 경영을 할 줄 몰랐기 때문에 생활이 어려웠다. 축음기를 발명하고서도 사업적 가치가 없다고 사업화에 관심이 없었다.

실제로 훌륭한 제품들이 창고에서 잠자는 경우도 많다. 발명은 필요의 어머니가 아니라 필요가 발명의 어머니가 되어야 하는데 필요도 없는 것에 투자하여 시간만 낭비하는 경우도 많다. 소니가 베타 방식을 보급하는 데 실패한 것도 창조에는 성공했지만 경영에 실패한 경우이다. 도요타의 창시자 도요타 사키치 씨는 신제품을 개발하고 연구하는 것에는 능력이 있었지만 경영에는 서툴러서 이사부로라는 경영 전문가를 데릴사위로 데리고 와서 경영을 하도록 했다.

한국에서는 신제품의 창조와 경영 양쪽에 모두 성공한 좋은 예로 딤채의 성공적 시장진출을 들 수 있다. 1995년대 냉장고 시장은 삼성, LG, 대우 등 가전 3사의 치열한 판촉전과 기능추가 전쟁으로 레드오션 시장이었다. 1조 원대의 시장을 놓고 가전 3개사는 치열한 시장점유율 경쟁을 벌였다. LG가 위에서 냉기가 뿜어져 나오는 샤워냉각방식으로, 삼성은 냉동실과 냉장실을 완전 분리한 독립 냉각방식으로, 대우는 냉기를 5분 간격으로 짧고 강하게 뿜는 터보 냉각방식으로 저마다 다른 기능을 강조하며 비용을 들이고 있었지만 시장규모는 쉽게 커지지 않았다. 그런데 포화 상태였던 냉장고 시장이 딤채라는 김치 냉장고의 출시로 활기를 찾기 시작했다. 최근에는 김치 냉장고가 혼수용품에서 꼭 있어야 하는 리스트에 추가되었으며 일반 가정에서도 생활필수품이 되었다.

이와 같이 딤채가 시장에서 성공한 요인은 같은 시장에서 같이 경쟁하는 것이 아니라 신시장 신제품으로 승부를 내 보겠다는 의지가 실현되었다는 점이다. 가전 3사가 냉장고에 새로운 기능을 추가하는 데 열을 올리고 있을 때, 딤채의 개발사인 만도는 냉장고 대신 여전히 김장독을 사용해 김치를 보관하거나 아예 조금씩 사다 먹는 소비자들에게 관심을 가졌다. 옛날 선조들은 김치를 가을에 담가 땅속 김장독에 보관한 뒤 봄까지 먹는 게 일반적이었다. 그러나 아파트가 널리 보급되면서 김장독을 땅속에 묻을 수 없으므로 이를 대체할 다양한 방법들이 선보였다. 김치를 플라스틱 통이나 비닐에 담아 냉장고에 보관하는 사람도 있었고 아예 담그지 않고 사 먹는 사람들도 있었다. 하지만 냉장고에 김치를 보관하면 문을 여닫는 과정에서 쉽게 익어버려 보존기간이 짧아서 아쉬움이 있다. 그리고 사 먹는 김치도 유통과정에서 온도가 변하므로 마찬가지로 익어버리는 단점이 있었다.

냉장고에 특수 김치보관기능을 추가하여 동일 시장에서 경쟁자들과 싸울 것인가, 가전 3사와 관계없이 '김장독' 처럼 김치를 싱싱하게 유지해 주는 김치 전용 냉장고를 출시해 신 시장을 창출할 것인가.

위니아 만도는 기존 냉장고 시장에서는 후발로 시장에 진입하는 것이므로 승산이 없는 싸움임을 잘 알고 있기에 김치를 땅속 김장독처럼 싱싱하게 보관하고자 하는 소비자들의 니즈를 어떤 방식으로 충족시킬 것인가를 집중 연구하기로 하였다.

위니아 만도는 1992년부터 땅속 김장독의 김치 맛을 그대로 재현해 주는 전용 냉장고 개발에 나섰다. 김치냉장고 개발 팀은 김장독의 원리와 구조를 철저히 분석, 김장독이 가지고 있는 장점만을 흡수했다. 우선 냉기 유출을 막기 위해 기존 냉장고의 개념을 완전히 버리고 김장독처럼 상부개폐 방식을 채택했다. 열이 새어나가지 않고 골고루 전달되도록 이음새가 없는 일체형 저장고 방식도 사용했다. 또 김장독처럼 외벽부터 서서히 냉각시키는 직접 냉각방식을 적용했다. 물기 있는 음식보관에 적합한 환경을 만들기 위해서다. 플라스틱 보관용기에도 김장독에 사용되는 천연황토를 섞었다. 최상의 김치 맛을 내기 위한 각종 환경 조건들을 시뮬레이션을 통해 철저하게 연구하여 프로그램화하는 데 성공했다.

딤채는 일반 냉장고가 갖고 있던 일부 장점 가운데 김치 보관에 관심이 있는 소비자들에게 별 가치가 없는 기능은 포기했다. 우선 냉동기능을 제거했다. 뚜껑을 위로 열면서 생기는 사용상의 불편함, 공간 활용의 불리함도 감수해야 했다. 딤채는 김장독이 가지고 있는 장점을 대폭 강화했다. 김치 보관기간을 크게 늘리고 맛은 김장독 수준으로 높였다. "김장독을 집안에!"라는 개념을 집어넣은 새로운 상품은 이렇게 성공적으로 시장을 만들어 내었다. 경쟁의 축을 새롭게 만든 창조경영의 성공 사례이다.

기능 경쟁에 가세하지 않고 김치 냉장고라는 완전히 새로운 시장을 만들어 신시장을 개척한 위니아 만도는 가전 3사와의 경쟁을 피하면서 고속성장을 이뤄낼 수 있었다. 김치냉장고 '딤채' 는 출시

첫해에 4천 대가 판매되었고 2년째는 2만 대, 그 다음해에 8만 대가 팔리는 등 매년 200% 이상 폭발적인 성장을 기록했다. 그 후 딤채가 개척한 김치 냉장고 시장도 2001년에는 1조 원대(120만 대)를 넘어섰다.

새로운 가치를 갖는 신제품을 선발로 개발했을 때는 다른 회사들이 모방하거나 추격할 수 없도록 전략적으로 낮은 가격을 책정하여, 개발해 봐야 비용 면에서 타산이 맞지 않다고 인식시키는 것이 일반적이다. 그러나 딤채는 일반 냉장고에 비해 전혀 싸지 않은 가격을 책정했다. 특허권을 460건이나 보유해 후발 기업들이 쉽게 따라올 수 없다고 판단했기 때문이다.

실제로 딤채는 높은 기술력을 가졌다는 점과 선발제품이라는 점을 강점으로 품질과 브랜드 파워 면에서 앞서가고 있다. 가전 3사가 전부 김치냉장고 시장에 진입해 다시 경쟁자가 증가하였으며 종합 가전 회사로서의 인지도가 다소 떨어지는 것이 약점이지만 그래도 최근까지는 54%의 시장을 확보하고 있다.

딤채의 초기 시장 진입 성공비결 중 하나를 구전(口傳) 마케팅으로 해석하는 시각도 있다. 예를 들면 폴크스바겐의 딱정벌레차와 비아그라·해리포터 시리즈 등이 대표적인 구전 마케팅의 성공 사례이다. 소비자들이 자발적으로 메시지를 전달하게 하여 상품에 대한 긍정적인 입소문을 내게 하는 마케팅기법이다. 꿀벌이 윙윙거리는

(buzz) 것처럼 소비자들이 상품에 대해 다른 소비자에게 전달하여 효과를 얻는 방법이므로 버즈마케팅(buzz marketing)이라고도 한다. 다른 말로는 입소문 마케팅이라고도 한다.

첫 제품을 출시했을 때 강남 중산층 이상 주부들에게 딤채 5천 대를 무료로 나눠준 뒤 3개월 동안 사용해 보고 구매여부를 결정하도록 했다. 사용해본 주부 80% 이상이 김치냉장고의 효과를 인정하여 구입을 결정하였다. 강남 주부들의 입소문으로 그 다음 출시된 딤채가 두 달 만에 매진됐다. 위니아 만도의 딤채는 창조와 경영의 합작품으로 1조 2,000억의 신시장을 창출하는 데 성공하였다.

LG전자, 5%는 불가능해도 30%는 가능하다

1989년 LG전자는 심각한 노사분규로 3개월 반 동안 공장 문을 닫았다. 그 후유증으로 LG전자가 가전을 포기하려고 일렉트로룩스와 월풀에 매입하도록 제안을 하였다. 그때 김쌍수 당시 창원공장 이사가 나서서 '외국기업에게 팔릴 것이냐? 혁신할 것이냐?' 에 대해 종업원들과 심각하게 논의를 했다. 팔리지 않기 위해서는 지금과 같은 방식으로는 불가능하고 3년 안에 매출 3배, 이익 3배를 만들면 된다는 결론이 나왔다.

전 종업원과 노조가 합심하여 한번 도전해보자는 의지를 굳히고

3 by 3운동(3년에 모든 것을 3배로 만든다)을 본격적으로 전개하기로 했다.

그동안 세탁기, 냉장고, 에어컨은 덩치가 커서 물류비용 때문에 수출이 불가능하다고 생각해 왔기 때문에 노상 내수시장에서 삼성하고 싸우다 밀리고 말았다. 미리 생산했다가 계절 제품이라서 잘 팔리지 않으면 헐값 처분하게 되고 생산 평준화가 안 되어 성수기에는 잔업 특권비가 과다하고 비수기에는 노는 직원들에게 봉급만 지불하는 경영이었다.

그런데 실제로 해외 수출 물류비와 재고유지 비용을 잔업·특근 인건비 및 헐값 처리 손실비와 비교해보니 수출해도 경쟁력이 있다는 분석결과가 나왔다. 반면 선진시장에는 미국, 일본이나 선진국 제품이 진출해 있기 때문에 한국제품이 발을 붙이기 어려웠다. 결국 다소 위험 부담이 있으나 동유럽, 중남미, 중동, 인도, 러시아 등에 팔기로 하고 마케팅 활동을 전개하였다. 한국이 겨울이면 지구 반대쪽은 여름이므로 한국에서는 비수기이지만 그곳에는 성수기이므로 수출을 통해서 평준화 생산이 가능해진 것이다.

LG전자가 이렇게 어려움을 겪고 있을 때 삼성도 가전이 돈이 되지 않으니 광주전자라는 회사를 따로 설립하여 광주전자에서 납품을 받아 판매했다. 삼성은 반도체에서 돈을 버니까 가전에 대한 관심이 소홀했다. 삼성브랜드라면 우수 대학생이 적극 지원하지만 광주전자에는 지방이라서 가지 않는다. 특히 R&D 인원도 가전 부문에서는 한때 LG전자와 1.5배 차이가 났었다. 가전에서는 배수의 진을 치고 죽기 살기로 덤비는 LG전자를 이기기에는 자원집중 면에서도 의지 면에서도 차이가 날 수밖에 없었다.

이라크 전쟁이 터져 다른 회사 직원들이 철수하기에 여념이 없을 때 LG의 에어컨 사업부장은 거꾸로 이라크로 가서 미군 막사에 에어컨을 팔았다. 이러한 혁신활동이 점점 더 깊이를 더해 가자 창조경영이라고도 할 수 있는 TDR 활동(Tear Down and Redesign)을 전개하였다. TDR활동은 가치(Value)는 최대화하고 낭비(Loss)는 최소화하는 활동을 말한다.

이 활동의 수행원칙은 ① 경쟁사보다 항상 2년 앞서자, ② 종업원 40%는 3년 후를 준비하는 미래 일을 하고 60%는 준비한 것을 실현하는 일을 한다, ③ TDR 대상은 회사의 전체 업무를 포함하고, ④ 실행하는 방법은 현재의 일에서 40%를 차출하여, ⑤ 과제 해결 기간은 1~6개월로 하고 목표는 30% 혁신을 추구하는 것으로 한다. 그리고 과제 해결 때까지 회사에서 먹고 자며, 사장이 가족을 초청하여 남편이 하는 일의 중요성을 일일이 설명하고 찬성, 반대를 반드시 확인하여 찬성한 사람만 활동을 개시한다. 그리고 월 1회 반드시 사장이 직접 보고 받는다. ⑥ 인센티브로는 가족이 해외여행을 갈 수 있도록 자금을 지원한다. 그 인센티브는 성과에 따라 장소 차이가 있다. 이러한 창조경영 실천을 통해서 조직의 플랫화, 직급파괴, 능력

중시 풍토를 정착시켰다.

창조경영의 결과 드럼세탁기 국내 시장 점유율은 85%에 달하고 후발 기업이 10kg 용량을 개발하여 출시하면 미리 준비한 12kg을 출시하여 경쟁의 우위를 유지하고, 경쟁사에서 12kg이 나왔을 때 13kg을 출시하여 계속 선두를 유지하고 있다. 미국시장에서는 핸드폰, 드럼세탁기, 냉장고, 에어컨 등이 5위 안에 들어가며, Digital TV방식은 삼성, 소니에서도 로열티를 받는다. 강성노조로 스트라이크까지 갔던 과거의 노조가 토·일요일 판매 활동을 한다. 5년 전부터 연구개발 우수 사원에게 조합비로 시상까지 할 정도로 성숙한 노조활동을 하고 있다.

LG전자의 창조경영에서 배울 점은 김쌍수 부회장이 강조한 말에서 찾을 수 있다.

① NO 없는 도전: NO라고 말하지 말고 대안을 제시하라. 긍정으로 시작하면 50%는 된 것이다. 부정은 마이너스 50%에서 시작한다.

② 나 아닌 우리: 내가 한 것이 아니고 우리가 한 것이다. 팀워크에 의한 성과를 강조하라.

③ 남 주기 위해 공부해라: 솔선수범을 보여야 하고, 공부를 해야 부하지도가 가능하며 부하들이 믿고 따른다. 지식은 책이 아니라 현장에서 공부하라. 권위는 실력에서 나오지 결코 경력에서 나오지 않는다.

④ 조직원의 40%는 미래를 준비하게 하라: 시스템만 잘 구축되면 60%만으로도 일상 업무가 가능하다.

⑤ Knowing과 Doing의 갭을 줄여라: 지구상에서 제일 먼 곳은 머리와 손이다. NATO(No action talking only)를 없애라.

"남과 똑같은 것은 만들지 않는다", 미래공업의 창조경영

미래공업은 매출액 경상이익률이 매년 12%~15%대를 유지하는, 작지만 강한 회사이며 고수익 회사다. 이 회사는 일본 제조업 평균 경상이익률의 3배나 높은 수치를 달성하고 있다. 더구나 대기업인 마쓰시타 전공을 누르고 제품별 시장 점유율이 최고 60%~80%까지 차지하는 제품들이 많이 있다.

미래공업은 1965년에 설립된 회사로, 자본금이 70억 6,786만 엔이고 매출액이 2005년 3월 기준으로 236억 엔인 회사이다. 종업원 수는 738명이고 주요 생산품은 전기설비자재, 배수·가스 설비 자재, OA플로어 제조 판매 등이지만 아이디어 제품이 16,000개나 된다. 이 아이디어 제품은 직원들이 직접 창안해서 낸 아이디어를 제품화한 것들이 대부분이다. 그리고 근로자들의 개선제안이 연간 9,000여 건에 해당한다. 사원들이 쉽게 제출할 수 있도록 작은 아이디어를 쪽지로 모집한다. 급료나 상사에 대한 불만을 제외하면 어떤 내용이라도 일단 500엔을 지불하며 제품에 적용되면 최고 3만 엔까지 준다.

이 회사의 근무시간은 하루에 7시간 15분이다. 전 직원이 정규직이며 연간 휴일 140일이나 된다. 더구나 육아 휴직이 3년이나 되므로 아이 3명을 낳으면 9년간 회사에 근무하지 않아도 된다. 연말연시에는 20일을 놀고, 70세까지가 정년이다. 사람을 성과 정도로 단순하게 계산하는 미국식 경영방식을 철저하게 배격하고 일본식 연공서열 제도를 버리지 않고 유지하고 있는 기업이다. '이렇게 많이 놀아도 회사가 이익을 창출할 수 있을까!' 하고 의아해 하는 사람들이 많다. 노는 것과 관련해서는 일본 최고의 기록이라고 할 수 있다.

이런 창조적 경영의 성공을 위해 선두에 서서 지휘한 사람이 미래공업의 창업주인 야마다 아키오이다. 그는 아버지 회사의 전무였던 시절, 연극 무대에 정신을 팔다 회사에서 정리해고를 당한 다음날 극단 이름을 그대로 사용해 창업을 하였다. 미래공업을 창업한 뒤에 아버지 회사는 라이벌이 됐다. 그 후 부친의 회사는 매출액 5억 엔, 미래공업은 247억 엔이 되어 아버지 회사보다 50배나 큰 업적을 이루었다.

미래공업의 창조경영은 연극 무대에서 배운 내용을 기업경영에 적용하는 것이다. 연극에서 막이 오르면 연기는 배우에게 맡긴다. 맡기지 않으면 배우는 성장을 못한다. 경영도 막이 오르면 사원이라는 배우에게 맡기는 것을 중요하게 생각해야 한다. 맡기면 스스로 개선하고 최선을 다해 업무를 수행한다. 그래서 아키오 창업주는 회사 설립 이래 한 번도 출근 도장을 찍어본 적이 없다.

사람이 가지고 있는 지혜를 충분하게 발휘하도록 시간을 여유 있게 제공하고 인간 신뢰경영으로 스스로 제안하고 개선하는 문화를 조직 문화로 정착시킨 성공사례라고 할 수 있다.

항공서비스의 고정관념 타파, 사우스웨스트 항공

사우스웨스트 항공사는 겨우 비행기 3대로 텍사스 내 3개 소도시에서 처녀 출항했지만, 이제는 미국 내 약 60개 도시에 취항하여 연간 6천만 명이 넘는 승객을 수송하고 있다. 또한 1971년 업무 개시 당시 타항공사는 요금을 27~28달러 정도 받았으나 사우스웨스트 항공은 20달러만 받았다. 이러한 가격 차이에도 불구하고 설립 후에 한 번도 적자를 낸 적이 없다. 종업원 수가 195명에서 3만 명으로 늘어났지만 그 동안 한 번도 정리해고를 한 적이 없으며 항공사고도 없었다.

주주들에게 최고의 수익을 안겨준 기업인 사우스웨스트 항공의 성공요인은 남과 다르게 서비스해서 그 가치를 고객과 나누는 창조경영에 있다고 할 수 있다.

사우스웨스트 항공은 첫째, 서비스해야 할 대상고객 타기팅을 명확하게 했다. 출장이 많은 비즈니스맨이나 고급 서비스보다, 저렴함을 추구하는 절약형 고객 그리고 학생층, 저렴하고도 안전한 중·단거리 항공서비스를 원하는 고객만을 대상으로 서비스를 제공한 것이다.

요금만 경쟁력이 있다면 비행기를 이용하려는 사람들이 얼마든지 있을 것이라는 생각에서 운영비용과 낭비를 최대한 줄여 싼 가격으로 서비스한다는 데에 운영의 초점을 맞추었다.

둘째, 항공서비스의 고정관행 서비스를 과감하게 버렸다. 사우스웨스트 항공의 비행기 안에서는 기내식은 물론, 지정좌석도, 스튜어디스도 찾아볼 수 없다. 들고 타는 소화물 서비스를 제외한 수화물 서비스도 폐지하고 여행사를 통한 티켓판매도 중단하여 수수료 부담도 줄였다. 이렇게 하여 제반 비용을 낮추면 경쟁사들보다 요금을 더 싸게 할 수 있으며, 요금이 싸면 더 많은 승객을 확보할 수 있다. 또한 승객이 많아지면 운항편수를 늘릴 수 있기 때문에 고객들은 자신의 일정에 맞추어 더 편리하게 이용할 수 있다.

이렇게 '싸게 해야 한다' 라는 전략 덕분에 항공업계 전체가 침체의 늪에서 벗어나지 못하고 있을 때에도 사우스웨스트 항공의 승객 수는 매년 늘어났다.

셋째, 유연한 팀워크에 의해 업무영역 구분 없이 다능공 제도를 실현했다. 미국의 노동조합은 자신의 업무가 아닌 일을 도와주기를 철저하게 거부한다. 반면에 사우스웨스트 항공의 직원 대다수가 노동조합에 가입되어 있지만 필요할 때에는 다른 여러 가지 직무를 수행한다.

더구나 일반 항공사는 파일럿, 승무원, 화물처리 요원, 육상 서비스 요원 등 다양한 직종으로 구성되어 있고, 이들 간의 업무 영역이 명확히 구분되어 있다. 그러나 사우스웨스트 항공의 직원들은 직종 구분 없이 출발이 늦어지는 경우 조종사가 수화물 처리를 거들어 주고 기내 승무원들이 체크인 업무를 수행한다. 도요타 생산방식인 다능공화 제도를 항공기 회사에서도 도입하여 실천하고 있는 것이다.

일 년 중 가장 승객이 많은 추수감사절 전의 '블랙 수요일'에는 최고경영자까지 수화물 처리를 돕는다. 수평적 조직구조와 가족 문화 실천의 성공사례라고도 할 수 있다.

넷째, 스피드 시대에 스피드로 차별화 서비스를 제공한다. 타사에서는 항공기를 재출발시키는 데 1시간이 드는데 비해 사우스웨스트는 10~20분이면 출발 준비가 끝난다. 흔히 제조업에서 많이 사용하는 싱글 준비교체(10분 이내에 다음 생산준비를 끝내는 것)가 가능하도록 시스템이 되어 있으므로 타사보다 3~6배 경쟁력이 있다. 신속한 이착륙을 위해서 공항도 이착륙할 때 혼잡이 적고 대도

시 가까이 있으며 경쟁이 덜한 곳을 이용한다.

또한 메인터넌스 신속화를 위해 항공기는 모두 보잉737 기종이다. 한 가지 기종만 사용하기 때문에 정비작업, 보수용 부품 관리, 항공기 운항 및 훈련 등이 간소화되고 스페어 부품도 싸게 구입할 수 있다. 같은 기종이므로 회사가 보유하고 있는 어떤 항공기라도 쉽게 조종할 수 있다.

그리고 거점경유(hub-and-spoke) 방식 대신 직항(point-to-point) 노선을 이용한다. 거점경유방식에서는 거점공항의 지상서비스 능력, 공항게이트, 지상근무 인원, 이동 트랩 등을 가장 혼잡한 시간대에 맞추어야 하므로 인력이나 장비의 전반적인 가동률이 떨어진다. 그리고 다른 항공편의 도착이 지연되면 연결되는 다른 여러 항공편의 출발이 늦어진다. 사우스웨스트는 다른 항공사의 사정으로 출발이 지연되는 일이 없기 때문에 항공사 중 정시출발, 도착률이 가장 높다.

다섯째, 타사가 가지지 못하는 새로운 서비스인 '펀(fun)'을 제공한다. 사우스웨스트는 싼 요금뿐 아니라 즐겁고 유쾌한 항공서비스를 제공하는 것으로도 유명하다. 고객들을 즐겁게 해주기 위해 특별한 날에는 승무원들이 그날에 어울리는 의상을 입는다. 부활절, 추수감사절에는 그 절기에 맞는 복장을, 할로윈 데이에는 고객을 깜짝 놀라게 하는 의상을 입는다. 일하면서도 재미를 제공하고 축제에 참가하는 기분이므로 손님도 직원도 이를 좋아한다.

　그날 생일을 맞은 사람을 즉석에서 축하해 주기도 하고 서비스할 때 도우미를 고객 중에서 공개 응모하여 함께 서브하기도 한다. 금연 안내 방송도 웃음을 제공한다. "손님께서 담배를 피우고 싶다면 언제든지 날개 위에 마련된 특별석으로 자리를 옮겨 저희가 특별히 준비한 영화 〈바람과 함께 사라지다〉를 즐기시기 바랍니다"라고 안내방송에서도 웃음을 제공한다.

영화관을 쇼핑, 레저, 휴식공간으로 창조한 CGV

　CGV는 1990년대 중반까지 한국에는 없던 종합 엔터테인먼트 공간이라는 새 개념으로 영화관 비즈니스를 창출했다. CGV는 사업 시작 이후 지금까지 연평균 20%가 넘는 경상이익률을 기록하고 있다. 기껏해야 8% 수익률이 최고였던 이전 극장들은 생각지도 못한 수치다.

　그동안 영화관 사업은 부동산업에 가까웠다. 극장주들은 본업인 영화 상영보다 건물가격 상승으로 인한 자산가치 증가에 신경을 더 썼다. 관람객 걱정은 별로 하지 않았다. 관람객이 적으면 영화를 바꿔 올리면 그만이었다. 영화관 의자는 딱딱하고 불편했다. 내부 청결상태나 보안도 형편없었다. 새로운 놀이문화의 출현으로 소비자들이 외면하면서 한국영화산업도 침체를 면치 못했다. 1950~1960년 대만 하더라도 연 7천만 명에 달했던 관람객수가 계속 줄어 1990년 대 중반에는 5천만 명에 불과했다. 각종 최신 미디어 시설에 밀려 비디오 방이 더 인기를 얻기도 했다.

그러나 1998년 4월, 11개 스크린을 갖춘 멀티플렉스 영화관 CGV 가 서울 강변에 개관하자 영화관 개념이 180도로 바뀌었다. 의자가 편안해지고 좌석 사이 공간도 넓어져 관람객들은 편안하게 영화를 볼 수 있게 됐다. 대기 중에 다양한 게임과 골라 먹는 식사도 할 수 있고 스크린 수도 크게 늘어나 취향에 맞는 영화를 선택하는 권한도 주어졌다.

CGV는 영화관을 단순한 영화관람 장소가 아닌 엔터테인먼트 공간으로 탈바꿈시켰다. 오락시설, 전용 라운지 등 보완적인 서비스를 제공함으로써 극장을 쇼핑, 레저, 휴식공간으로 변화시킨 것이다.

한걸음 더 나아가 각 영화관 특성을 살린 맞춤형 보완서비스도 제공했다. 특별한 기념일을 극장에서 즐기는 고급 손님을 위한 'CGV 골드클래스'를 개발한 것이다. 이곳에는 항공기 일등석 수준의 편안한 좌석과 전용라운지, 와인 바를 갖췄다. 가격이 일반 극장의 2배 가 넘는 2만~3만 원임에도 불구하고 접대용 등으로 많은 사람들이 이용하고 있다.

주거 지역에 위치한 부부 관객을 위한 유아놀이방 설치는 결혼 이

후 극장에 발길을 끊은 30~40대 관람객들을 새롭게 유인하는 전략이다. 여성 쇼핑객이 많은 곳에서는 메이크업 공간과 무료 쇼핑백 보관함을 제공해 쇼핑을 목적으로 명동을 찾는 여성 고객들이 극장을 찾도록 했다.

CGV는 새로운 서비스를 위한 시설을 갖추는 데도 상당한 투자를 했지만 투자 이상으로 매출 증대 효과를 거뒀다. 서비스 수준을 높인 만큼 당연히 돈을 많이 벌어들이게 돼 있다. 또한 대부분의 영화관을 도심외곽 건물에 입주시켜 임대비용을 낮췄다. 또 여러 개의 스크린을 모두 같은 층에 위치시켜 비용을 절감시켰다. 이로 인해 영사기사 수를 대폭 줄일 수 있었고 화장실 등 필수 부대시설 설치에 드는 비용도 30% 정도 절감시킬 수 있었다.

무엇보다 창조경영을 실천하기 위해서는 '영화관은 영화 보는 곳', '서점은 책 파는 곳' 이라는 고정관념에서 벗어나 상상의 폭을 넓혀야 한다. 영화 관람과 유아놀이 시설과는 전혀 관련이 없는 것처럼 보인다. 그러나 현실적으로 아이를 봐줄 사람이 없어 영화 관람을 포기하는 부부들이 많다. 영화 관람과 전혀 관련이 없는 것 같은 유아놀이 시설이 영화관 매출에 중대한 영향을 미치는 요소인 셈이다.

보완적인 제품·서비스를 제공하기 위해서는 우선 제품·서비스 사용 전후, 사용 도중에 어떤 일이 일어나는지에 대해 고객 입장에서서 질문을 던질 필요가 있다. 유아놀이 시설과 주차장은 영화 관람 이전, 편안한 좌석과 넓은 공간은 영화관람 도중에 요구되는 사항들이다. 식당, 오락실, 쇼핑몰 등은 영화관람 전후에 필요한 요소들이다. CGV는 기존 영화 관람에 이 같은 요소들을 결합시킴으로써 극장을 단순한 영화관람 장소가 아닌 즐기는 레저공간으로 탈바꿈시켰다. 포기한 고객을 흡수할 수 있는 비약적인 가치를 제공했기 때문에 가능한 일이다.

Reverse...
Imagination...
Creation...

뒤집고, 상상하고, 창조하라! 삼성&도요타 창조경영

21세기 생명력인 창조력

사람의 경우에는 어떤 일을 할 때 그 목적을 스스로 이해하고 파악하여 그 목적을 달성하는 수단을 그때마다 다르게 생각하여 행동할 수 있다. 인간은 지난번보다 더 나은 방법을 생각해 내어 더 편하고 즐거운 생활을 하도록 신에게서 창조력을 선물 받았다.

1) 신이 준 특별 선물, 창조력

문제란 무엇인가?

창조력은 인간만이 가진, 신이 주신 특별한 선물이다. 고양이나 개는 창조력을 발휘해서 주인을 기쁘게 하지 못한다. 짖는 방법과 우는 방법을 개선하여 더 좋은 방법을 인간에게 선물하지는 못하는 것이다. 이들은 유전학적으로 일정의 행동양식이 삽입되어 있어서 가르치지 않더라도 반복적으로 행동하게 되어 있다. 새나 짐승들은 유전학적으로 빌트 인(Built In)된 일정한 습관대로 행동하지, 생각을 해서 새롭게 바꾸지는 못한다. 즉 신이 내려준 '생존을 위한 규격'으로 설정된 행동양식을 반복하며 살아갈 뿐이다.

그러나 사람의 경우에는 어떤 일을 할 때 그 목적을 스스로 이해하고 파악하고 그 목적을 달성하는 수단을 그때마다 다르게 생각하여 행동할 수 있다. 각자가 낸 수단은 비슷하거나 유사하거나 같을 수 있지만 각자의 머리에서 나오는 방법은 사람마다 독자적으로 생각해 낸 방법들이다. 인간은 지난번보다 더 나은 방법을 생각해 내어 더 편하고 즐거운 생활을 하도록 신에게서 창조력을 선물받았다.

그래서 사람은 문제가 있으면 그 문제를 해결하려고 아이디어를 낸다. 이상과 현실의 갭이 문제라고 할 수 있는데, 그 갭을 메우는 작업을 계속해 오다 보니 목적을 달성하는 수단이 풍부해지고, 복잡해지고, 다양하게 되었다.

그 결과 날씨가 추우면 보온하는 방법을 여러 가지로 생각하여 난로나 온돌을 개발하게 되고, 거리가 멀면 가장 빨리 도달하는 방법을 생각하여 자전거에서 오토바이를, 더 나아가 자동차, 비행기를 개발해 냈다.

시간이 지날수록 문제를 해결하는 방법이 다양해지고 문제를 쉽게 해결하는 방향으로 계속 진행해 나가는 것이 인간의 위대한 점이다. 기업들은 이 생각하는 능력을 개발하여 새로운 상품이나 서비스를 만들고 사람들에게 편의를 제공하여 돈을 벌고 있는 것이다.

결국 돈을 잘 벌기 위해서도 머리 쓰는 방법과 뇌를 개발하는 법을 연구해 내야 한다. 특히 중요한 것은 일상적으로 반복되는 매너리즘 타성에서 벗어나야 한다는 점이다.

창조력 최고의 적, 매너리즘과 결별하라

당신은 아침에 신문을 읽을 때 어디부터 읽는가? 우선 스포츠란, 그리고 오늘 밤 텔레비전 프로그램, 경제기사? 그리고 신문은 식사를 하면서 읽는가, 그렇지 않으면 통근 전차 안에서? 되돌아보면 우리들의 행동은 신기하게도 늘 하던 대로 진행하지 않으면 뭔가 안정되지 못한 상태의 느낌을 갖게 한다. 자신의 방법, 자신의 경험에서 나온 것이므로 늘 하던 스타일 그대로 하게 되고, 보통 그 어울림 정도에 대해서는 생각해 보려고 하지 않는다. 그렇지만 잠깐만 일상에서 벗어나 생각해 보면 의외의 소득을 얻게 되는 경우가 많다.

아침 출근 지하철의 혼잡함은 거의 살인적이라고 할 수 있다. 그런데 한번 도중에 내려 모든 차량이 똑같이 혼잡한지 아닌지를 관찰해보면 좋다. 이상하게도 비교적 비어 있는 차량이 반드시 있기 마련이다. 그 위치도 플랫폼 몇 번째라는 것이 거의 정해져 있다. 만약 당신이 조금 더 한산하게 신문을 읽으면서 가고 싶다면 한 번만이라도 차량을 조사해 보길 바란다. 지금까지 몰랐던 것에 눈을 뜨는 일은 새로우면서도 좀 더 합목적성이 높은 행동을 하게 된다는 점에서 매우 중요하다.

한편으로 샐러리맨의 아침식사에 걸리는 시간은 평균 7분이라는 보고가 있다. 졸린 눈을 비비고 일어나면서 커피 한 잔, 토스트 한 장을 먹고는 지하철역을 향해 가는 이런 생활은 굉장히 미덥지 못하다. 그러나 모두 그렇게 하고 있으며 나 역시 일을 빨리 해치우려는 경향이 있다. 하지만 이런 사람은 일단 건강이 나빠지기 시작하면 굉장히 무섭다. 매너리즘에 빠져 별 뜻 없이 한 행동의 대가는 무섭게도 다 돌아오는 것이다. 토스트에 커피는 서양 풍으로 조금 세련된 느낌을 줄 수는 있으나 영양적으로는 '제로'에 가깝다. 차라리 한 공기 쌀밥에 된장국, 구운 김, 계란 프라이 등 자연친화적인 아침 식사 쪽이 훨씬 합리적이고 영양가가 높다고 할 수 있다. 시간이 없을 때에는 식빵도 익히지 않고 그냥 먹는 사람이 많다. 그것도 NO! 빵은 익혀먹어야 소화를 촉진시킬 수 있다. 지금부터 지하철역으로 달려가야 한다면 더욱 소화를 생각해야만 한다. 그리고 섬유질이 많은 야채류, 과일로 공복감을 좀 덜어주는 것도 하나의 지혜다.

이런 출근길에서의 변화나 바른 식사 습관에서도 창조력에 대해 생각해 볼 수 있다. 한 가지 예가 만사를 말하듯이 기초적인 것, 기본적인 것으로 확실히 배우고 바른 지식으로 그것을 합리적으로 전개할 수 있는 사람은 무엇을 시켜도 한 사람 이상의 몫을 해내며 두루두루 신경을 쓸 수 있다. 합목적성이 높고 효과가 큰 방법은 어디에서든 요구되며 그 기본자세, 접근 방법은 어디에서든 통하기 마련이다.

틀에 박혀 진보나 발전을 볼 수 없게 되어버린 상태를 매너리즘화라고 한다. 그것이 모든 것을 잃게 하여 즐거움이나 재미를 잃게 하고 타성에 젖게 한다. 또 그것을 느끼지 못하는 것은 더욱 무섭다. 또는 잘 생각한 끝에 자기 나름대로 완성한 뛰어난 방법이라도 주변이나 자신의 상황이 바뀌면 언제까지나 적절하다고는 할 수 없다. 아침밥 하나를 예로 들더라도, 하찮은 아침식사라고 깔보다가는 당신이 중년이 되었을 때까지 청년 때의 식성 그대로 여전히 영양가 없는 식사를 하고 있을지 모른다. 아침도 충분히 먹고 집을 나섰는데도 왜 활력이 없는 것일까? 그건 틀에 박혀 바꿔보려고도 하지 않는, 항상 정해진 아침식사 때문인지도 모른다. 변화로의 대응, 그리고 거기에 적합한 변화 창출로의 의식이나 의욕이 새로운 것을 만들어 내는 기회가 되는 것이다.

매너리즘을 추방하는 8가지 아이디어

① 지금까지와는 다른 언어, 다른 동작으로 바꾸어 본다.
② 자신이 늘 하던 방법을 타인과 비교해 본다.
③ 매일 작은 것이라도 새로운 일에 도전해 본다.
④ 장소, 순서, 도구 등을 변화시킨다.
⑤ 처음으로 되돌아가서 다시 시작해 본다.
⑥ 혼자가 아니라 다른 사람과 함께해 본다.
⑦ 새로운 구조 및 방법이나 원리를 연구해 본다.
⑧ 숲을 보고 나무를 본다.

반짝이는 아이디어 창조, 훈련으로 가능하다

좌뇌는 수리, 탐구, 계산, 논리적인 기능을 수행하고 우뇌는 예술, 직관, 창조성을 좌우한다. 우뇌를 발달시켜야 창조력이 생기고 좋은 아이디어를 활발하게 낼 수 있다. 아이디어를 내는 일도 훈련을 하면 잘 할 수 있다.

이 방법은 누구든지 우뇌를 발달시킬 수 있는 방법이다. 매일 3~5분 정도 일정한 시간 동안 생각하는 시간을 가지는 것이다. 아침에 일어나서라든지, 자기 전에, 식후, 이동 중에라도 좋다. 자신의 스케줄에 따라 가장 편한 시간을 정해 하루에 한 번씩만 조용히 생각하면서 머리를 쓴다. 의식적으로 뇌를 사용하면 뇌세포 운동이 활성화되고 뇌 근육이 단련되며 뇌가 좋아진다.

식사할 때도 천천히 먹는 습관을 기른다. 오래 씹을 수 있는 음식을 선택하고 30회 이상 씹는 습관을 기른다. 이렇게 하면 씹을 때 두 뇌가 자극 받아 뇌 마사지 효과를 낼 수 있다. 섬유질이 많은 식사는 뇌를 좋게 한다. 현미밥, 다시마를 비롯한 해조류를 많이 먹으면 좋다. 서서히 소화, 흡수되는 음식이어야 뇌의 에너지원인 포도당을 안정적으로 공급할 수 있다. 빵, 패스트푸드 등은 저혈당 식품이므로 뇌의 발달에 크게 도움을 주지 못한다.

우뇌를 훈련하기 위해서는 첫째, 긴장과 스트레스를 받지 않도록 노력해야 한다. 뇌의 긴장을 풀어 뇌 휴식을 취하는 것은 곧 뇌를 건강하게 지켜주는 것과 같다. 참선 자세로 편안히 앉아서 조용히 눈을 감고 숨을 천천히 쉬며 정신을 백회에 집중하여 우주의 에너지를 단전으로 집어넣고 두뇌 속으로 들어가서 뇌를 깨끗이 씻어준다는 이미지를 불어 넣는다. 그러면 스트레스와 걱정·고민이 씻겨 나간다. 또한, 클래식 음악을 감상하면 좋다. 클래식 음악은 우뇌적인데 반해 대중가요는 좌뇌적이다. 음악은 사람의 마음을 편안하게 하고 긴장을 풀어 준다.

둘째, 좌뇌와 우뇌를 함께 쓰는 훈련을 해야 한다. 음악을 들으면서 외우기, 이야기를 하면서 글쓰기, 자신의 생애를 드라마로 만들어 이야기하기 같은 것을 계속하면 좋은 뇌전환 훈련이 된다.

셋째로 왼손이나 발을 자주 사용한다. 일반적으로 오른손잡이는 좌뇌가 발달해 있고 왼손잡이는 우뇌가 발달해 있다. 이는 몸의 신경체계가 좌우로 엇갈려 있기 때문이다. 때문에 평소 잘 쓰지 않는 쪽의 몸을 움직이면 발달이 덜된 뇌에 자극이 가는 것이다. 칫솔질도 오른손이 아니라 왼손으로 하고, 왼손으로 글씨 쓰는 훈련 등을 하면 우뇌에 큰 도움이 된다. 왼쪽 다리를 자주 올리고, 왼발을 자주 주물러 주는 것도 좋다.

넷째로는 뇌기능이 활성화되는 음식을 섭취해야 한다. 뇌에 필요한 영양소는 여러 가지가 있는데 미네랄이 풍부한 현미를 비롯해 식물성 단백질이 들어 있는 콩과 우유를 들 수 있다. 따라서 육식보다는 채식을 많이 하는 것이 좋다. 뇌세포를 파괴하는 화학조미료, 발암물질인 중금속 캔 제품을 먹지 않는 것이 좋다.

다섯째, 큰 목표를 가지고 달성하려는 의욕으로 자극을 준다. 무엇에 대한 꿈과 의욕을 갖는 것은 두뇌의 전두엽에 자극을 준다. 전두엽이 자극을 받으면 뇌가 발달한다. 미래에 대한 희망과 기대를 가지고 그것을 성취하고자 하는 의욕을 가지면 뇌기능에 좋은 자극제가 된다. 성공한 이미지를 그리고 성공을 향한 과정을 패턴화하여 뇌에 기억시키자. 패턴 인식력은 문제의 핵심을 파악하고 집중력, 기억력, 직관력, 종합력 등을 증진시킬 수 있기 때문에 성공 달성도를 높인다.

여섯째, 자기 전에 마사지를 하여 혈액순환을 시킨다. 지능의 차이는 뇌 자체보다 뇌의 회로 수에 의하여 결정된다. 여러 방법으로 훈련하고 뇌를 자주 사용해야 뇌의 회로가 증가하고 그 기능이 발달하여 좋은 두뇌를 가지게 되는 것이다. 그런데 뇌의 회로를 증가시키기 위해서는 무엇보다도 혈액순환이 좋아야 한다. 자기 전에 머리 마사지를 계속하는 것이 좋다.

2) 소프트웨어 개선에 의한 창조력 활동

서비스방식만 바꿔도 잘 팔 수 있다

'어떻게 하면 고객을 만족시켜 경쟁사 제품 대신에 자사 제품을 사게 할까', '어떻게 하면 서비스를 제공받는 쪽이 만족하고 더 나아가 감동할까' 하는 것이 최근 기업들의 중요한 과제로 등장했다. 제품을 좋게만 만들면 팔리는 것이 아니라 생산에서 판매까지의 업무 과정도 고객 중심으로 개선하지 않으면 팔리지 않는 제품이 되어 버린다.

종래에는 하드웨어인 상품의 개선이나 개발, 개량에 창조력을 발휘하였지만 요즘은 프로세스의 차별화로 고객을 확보하는 사례가 많다. 만년 판매량 3위였던 자동차 회사가 24시간 A/S를 내세워 2위로 올라간 경우도, 제품이 아니라 서비스 방법을 개선하여 성공한 사례이다.

주식회사 만도에서는 김치냉장고를 개발했으나 어디의 누구에게 판매해야 할지 고민이 많았다. 그때 체험 마케팅이라는 아이디어를 내어서 강남에 사는 주부 5,000명에게 2개월 동안 김치냉장고를 무료로 사용하도록 권했더니 3,000명이 신청하고 2개월 후 그 냉장고를 산 사람이 2,400명이나 되었다. 신제품인 김치냉장고가 그 주부들의 입 소문 때문에 시장에서 팔리는 제품으로 환영받게 되었고 만도에 돈을 벌어다 주었다. 판매 방식에 대한 새로운 아이디어로 성공한 좋은 사례이다.

이제는 복제기술로는 글로벌 최고가 될 수 없다. 요즘은 복제기술이 너무 발달해 돈이나 수표를 복사하여 유통시키다 사회적 문제를 일으키는 사람도 많다. 그러나 이제는 함부로 복제하다가는 큰 낭패를 당하는 시대이다. 복제한 물건이 잘 팔리더라도, 특허권·저작권·상표권·실용신안권 등을 소유한 측에서 법에 호소하여 손해배상을 크게 청구하는 바람에 기술 무임승차의 대가를 톡톡히 치르기도 한다.

일본의 M사는 모방을 잘하기로 소문이 나 있다. S사가 열심히 개발해 내면 즉시 모방하여 특허를 비껴가는 기술로 비슷하게 만들어 낸다. 그리고 절약된 개발비로 각 대리점에게 혜택이 많이 가게 한다. 당연히 각 판매점은 이윤이 많이 남는 M사의 제품만 팔려고 하므로 S사보다 항상 매출성장이 빨랐던 예도 있다.

우리나라 제약 회사들 또한 수십억 원이 드는 신약을 개발하는 데
는 소홀하고 개발이 완료된 제품을 모방하거나 좀 다른 원료를 첨가
해서 출시한다. 그러다 보니 제약업에는 규모 있는 회사가 거의 없
고 해외진출 회사도 드물다.

우리나라는 지금까지 선진 제품을 복제하는 데 노력을 기울였지
만, 이제는 원래의 것보다 더 좋은 창조적이고 독창적인 제품을 만
들어야 한다.

새로움과 히트 제품은 창조력에 의해 나타나며 이 창조는 아이디
어에 의해 탄생된다. 일본의 생활용품 업체 가오(花王)는 '어택' 이
라는 세제를 개발했다. 기존의 방식은 계면장력을 사용해 때를 섬유
로부터 물리적으로 떼어내거나 효소로 용해해 내는 방법이었다. 그
런데 관점을 '때' 에서 '섬유' 로 바꿔서, 섬유에 작용하여 때를 떨어
뜨린다는 새로운 아이디어를 실현하여 단일 브랜드로서 30%의 점
유율을 달성하는 성과를 볼 수 있었다.

이와 같이 하드웨어 측면에서 창조력을 발휘하여 성공한 회사도
있지만 요즈음은 소프트 면에서 아이디어를 내어 성공하는 회사들
이 많고 서비스 측면에서 고객 이미지를 개선하여 제품이 잘 팔리는
경우가 많다.

서비스도 상품! 서비스 향상을 위한 창조력이 절대 필요하다

수원에 있는 S전자는 면회신청 시스템이 대폭 개선되었다. 전에는 주민등록증을 맡기고 표찰과 교환하고, 만난 사람의 확인을 받아와서 다시 주민등록증을 찾아가는 시스템이었다. 새로운 시스템은 사전에 만날 사람에게 연락만 해두면 주민등록증을 확인하고 표찰 대신 스티커식 방문라벨을 붙이게 하여 나올 때는 스티커를 버리면 되었다. 전에는 들어온 문으로 꼭 나가야 했는데 어느 문으로 나와도 되고 다시 주민등록증을 찾으러 가는 번거로움이 없어졌다. 이것은 소프트웨어적인 면을 개선하여 S전자의 이미지를 좋게 하고 고객을 편하게 하는 좋은 실천사례라고 생각한다.

지방에 있는 회사를 방문하면 안내실에 주민등록증을 맡기고 표찰을 받는다. 그러다 나올 때는 회사 직원의 차를 타고 나오기 때문에 깜빡 잊어버려서 우편으로 다시 주민등록증을 받아야 하는 경우가 많았다. 이런 내용을 잘 알고 있지만 위의 회사처럼 고객 방문 시스템을 개선하는 회사는 많지 않은 것 같다. 이런 일 외에도 우리 사회에서 일어나는 일들을 보면 아직 소프트웨어에서 미진한 부분이 너무 많이 있다.

예를 들어, 택시를 탈 때 손님이 택시를 고르는 것이 아니라 택시가 손님을 골라서 태운다. 운전사가 에어컨 바람을 싫어하면 더운 여름에 손님이 원하는데도 에어컨을 켜지 않고 대신 창문을 열고 달리는 택시도 많이 있다. 버스가 자가용인 것처럼 착각하여 손님의 의향은 무시하고 자신이 좋아하는 음악을 출발 때부터 도착할 때까지 틀어놓는 장거리시외버스 운전사들도 누가 손님인지를 구별할 줄 알아야 한다. 지하철역 구내의 매표소 사무실에는 에어컨이 설치되어 있어서 역무원은 사무실 안에서 시원하게 근무할 수 있는 대신 사무실 열기가 빠져 나오는 환풍구를 고객이 오가는 복도 쪽으로 설치해 놓는 것은 고객을 잊어버린 행동들이다.

서비스를 개선하는 아이디어는 놀랄 만한 효과를 창조하므로 소홀하게 해서는 곤란하다.

종업원의 창조적 행동 하나하나가 무형의 상품이다

제조회사에게 중요한 것이 무엇이냐고 묻는다면 아마도 생산된 물품, 깨끗하게 포장되어 손님에게 판매하도록 준비되어 있는 품질 좋은 제품을 들 것이다. 반면에 병원, 관공서, 놀이터, 백화점 등에서 일하는 사람이라면 서비스가 중요하다고 생각한다.

고객은 생활에서 필요하다, 갖고 싶다는 욕망을 상품이나 서비스의 형태로 사서 만족을 얻는다. 우리들의 비즈니스 생활의 전부가 고객만족이라는 하나의 방향으로 간다고 말해도 과언이 아니다. 조직에서는 각각의 역할을 분담하고 있는데, 그 어느 역할이라도 최종적으로는 이 고객의 욕구 충족으로 연결되어 있다. 제조부와 판매부 등에서 일하는 사람은 직접 눈으로 보는 최종품인 상품(제품, 상품)을 생산하고, 판매하고 있기 때문에 더욱 실감할 수 있을 것이다.

그러나 인사부나 총무, 컴퓨터실이나 서무부문 등에서 일하는 사람들은 직접 물건을 취급하고 있지 않으므로 그 의식이 매우 희박하다. 또는 공장에서 기계가 작업을 분담하고 있는 것처럼 제품제조의 담당자들 역시 한 제품의 가공 중 일부만을 담당하고 있기 때문에 그 완성품이 가질 최종 이미지나 고객의 필요를 파악하려는 의식이 부족할지도 모른다.

상품으로서 갖추어야 할 조건이란 무엇일까? 한마디로 말하자면 그것을 얻으려고 하는 사람의 욕구를 충족하고, 만족시킨다는 점일 것이다. 그렇다면 조직 내에서 각각에게 분담된 일과 상품과의 관계는 어떻게 될까? 그것은 하나의 업무 성과가 다음 일의 담당자에게 만족을 주고, 최종적으로 만족하는 상품을 만들어내는 것으로 이어지는 관계라고 할 수 있다. 전 공정의 기계가공 담당자가 완벽하게 일을 다 해냄으로써 후 공정의 도장 담당자에게 만족을 주는 것이 그 역할이며 책임이라고 할 수 있다. 즉 다음 공정이나 다음 업무를 하는 사람이 고객인 것이다. 컴퓨터 담당자는 사용하기 쉬운 프로그램을 만들고, 경리담당자가 손쉽게 업무를 할 수 있도록 제공하는 것이다. 접수 담당자는 방문자에게 알기 쉽도록 사내 안내를 해주는 서비스를 제공한다.

이처럼 담당하는 일에서 실수를 범하지 않도록 하는 것이 쉽지만은 않다. 아무리 완벽한 대응을 한다고 해도 전화에서 한마디 실수를 했다가 일이 파경을 맞이하기도 한다. 일이란 그만큼 엄격하면서도 하나하나를 확실하게 짚고 넘어가지 않으면 안 된다. 그것이야말로 보다 좋은 아이디어, 보다 좋은 상품 만들기로 이어지는 것이다.

이와 같이 새로운 제품이나 생산방식도 문제나 어려운 점을 해결하기 위해 아이디어를 낸 결과에 의해 탄생하는 경우가 많다. 얼마 전 A/S센터에 세탁기 수리 요청을 했었는데, 정확하게 정해진 시간에 와서 수리해 주고 교환한 부품의 영수증을 발행해 주는 것은 물론이고, 수리하고 나서 못 쓰는 부품이나 빈 박스 등은 전부 가져갔다. 쓰레기 분리수거에 신경 쓰는 주부에게 참 좋은 이미지를 주었다.

창원에 있는 가전제품을 만드는 공장에서는, 예전에는 손님은 비를 맞고 수위는 안에 앉아서 안내를 하였다. 그런데 요즘은 손님이 비를 맞지 않도록 수위실을 개조하여 안으로 들어가서 면회신청을 할 수 있도록 했고, 안내자 또한 서서 응대하며 업무를 처리해 주었다. 이런 소프트웨어적인 개선과 종업원들의 행동 하나하나가 무형의 상품이므로 소홀히 해서는 안 될 것이다.

일과 일의 연결 접촉점에 개선의 눈을 돌려라

생산라인의 공정설계에서든 영업의 업무설계에서든 가장 어려운 것은 일과 일의 연결 부분이다. 자기 담당이라 하더라도 하나의 일에서 다른 일로 연결이 되는 부분은 실수하기가 쉽다. 손에서 손으로 배턴터치 된 부분은 쌍방의 책임이 불분명하여 트러블이나 사고가 발생하기 쉽다. 직장 미팅에서는 이 같은 실수의 위험성이 높은 부분을 서로 찾고 주의함으로써 대책을 검토하는 것이 바람직하다.

자동화된 공장의 라인을 보더라도 다음 공정으로 옮겨질 때에 감시기가 부착되어 있거나 사람의 손길이 닿아야 하는 곳이 많다. 업무 개선을 생각한다면 이 감시기의 정도를 높이는 새로운 아이디어를 개발하거나 아니면 전혀 다른 흐름으로 일을 교체하는 것에 전원의 뜻을 모아야 한다.

새로운 제품·상품을 개발하거나 개량하는 일이든, 기존 제품을 제조하여 판매하는 업무든, 제품·상품을 직접 대하지 않는 간접 업무든, 그 기본을 지탱하고 있는 것은 한 사람 한 사람이 일에 대해 가진 책임감이다. 즉 이 일을 다음 사람에게 완벽하게 전달하고 점차 하기 쉽게 해 가려 하는 진심, 그리고 거기에서 나오는 아이디어가 중요하다. 일본의 상품이 세계인들로부터 사랑을 받는 비밀도 이러한 작은 노력에 있다. 그 땀과 노력의 결정이 상품의 품질, 질 좋은 서비스, 높은 신뢰성을 만들어 낸다. 제조현장에서는 "품질은 현장에서 만든다"라는 표어로 하나하나 일의 완성도를 추구하고 있는 것처럼 이 책임 있는 모습이 뛰어난 개선안을 만드는 것이다. 마음에 없으면 아무리 보려고 해도 보이지 않고, 들으려고 해도 들리지 않는 법이다.

사람은 또 이러한 업무 하나하나에 몰두하여 보다 완성도가 높은 일을 이루는 것에 기쁨과 보람을 느낀다. 그러므로 창조행위야말로 보람 있는 일이며 진실로 자신을 발휘할 수 있는 증표이기도 하다.

기존의 제약을 역이용하라!

보통 불편함을 개선하기 위해서는 기존에 하던 일의 분담영역, 업무내용을 변화시킨다. 회사나 공정이 점점 커지면서 외주의 범위도 점점 커지고 증가하고 있다. 물론 '외주로 할까 그렇지 않을까'의 판단은 신중한 검토를 기초로 해야만 한다. 그러나 모든 시스템이 세월이 흐름과 동시에 변하기 마련이므로 항상 같은 방법을 쓰면 된다는 안일한 생각으로는 부당한 지출을 하게 된다.

한 식품회사에서는 사원이 새롭게 생각한 제품의 포장 방법을 채용하고 박스 자체의 형태를 바꿨다. 지금까지 하던 방식은 외주처가 가지고 있는 특허를 이용해야 했으므로 라이센스 비용이 제

로가 되어 한순간에 두 자리 퍼센트의 경비절감을 할 수 있게 되었
다. 최근에는 어디에서든지 발 빠른 개선을 하고 있기 때문에 개선
효과를 크게 보지 못한다. 그래서 두 자리 퍼센트 수준의 개선은 좀
처럼 쉽지 않다. 이와 같이 공헌도가 큰 개선 대상을 발견하는 일도
직장 내에서 창조력 개발 활동을 한 결과이다. 여기에 당찬 야심과
아이디어를 내는 훈련까지 더해진다면 직장이야말로 창조활동의
큰 무대가 된다.

제약을 속박의 조건이라고 생각한다면 야속할지 모르겠다. 하지
만 "이 범위 내에서 하는 것이 가장 우선인 일이다"라는 식으로 가
이드라인이라고 생각하면 오히려 도전하기 쉽다.

유명한 '브레인스토밍' 프로그램은 네 가지 원칙에서 작성되었
다. 첫째, 아이디어를 발표할 때 상호비판을 배제한다. 둘째, 상상은
아주 엉뚱해도 좋으니 될 수 있는 대로 자유분방하게 한다. 셋째, 될
수 있는 한 많은 양의 아이디어를 생각해 낸다. 넷째, 여러 아이디어
들을 결합해 보고 그 개선점을 찾는다는 원칙들이다. 여기서도 자
유분방하게 제약을 탈피하여 우선 아이디어 수를 늘리라고 강조하
고 있다.

은행이나 보험회사 등은 법률에 의해 일률적인 서비스 범위가 정
해져 있다. 경품으로 내놓는 상품의 종류나 가격도 업자간 협정에서
정해져 있다. 이러한 동일조건 속에서 상품을 팔아야 한다면 무엇으

로 승부를 해야 할까? 상품 외에 또 다른 제일의 상품이란 일의 질과 서비스이다. 예를 들자면 밝고 들어가기 쉬운 점포나 쉽게 가까워질 수 있는 응대, 그리고 보기 좋은 미소와 명랑·쾌활한 말투, 기다리게 하지 않는 신속한 대응 등이 있다.

이것은 회사 내부의 관계나 부서 간에서도 마찬가지이다. 신속, 정확하고 알기 쉽도록 설명되어 있는 내용을 항상 보내주고, 친절한 전화응대를 해주는 것, 이와 같은 사소한 일 하나하나를 몸소 실천할 수 있는 자세가 마음 속 깊이 자리 잡고 있는지에 따라 고객이 모이고, 일을 원활하게 할 수 있는 것이다.

외식이나 레스토랑에서는 고객이 집에서 식사 때와 마찬가지로 기분전환을 하거나 가족끼리 단합을 쉽게 할 수 있게 해준다. 여기에서는 청결한 테이블, 아늑한 분위기, 유럽풍 지향의 필요에 발맞춰 다채로운 메뉴를 개발하는 등 하나하나마다 아이디어가 숨어 있다. 한 시간도 채 안 되는 제한된 시간 동안 고객은 그 가게의 모든 것을 파악하고 돌아간다. 한 시간이라는 제약조건 내에서 얼마만큼의 장점을 제공할 수 있는가에 승부가 달려 있다.

요즘 제작되는 티슈에는 마지막 장에 "사용해주서서 감사합니다. 다음에도 꼭 당사의 제품 애용을 부탁드립니다"라고 인쇄된 휴지가 점점 늘고 있다. 물론 이 회사의 아이디어맨이 구상한 일일 것이다.

같은 상품이라도 고객은 이러한 자그마한 배려 속에서 친밀감을 느끼며 충성고객으로 바뀌어 가는 것이다. 타사와 차별화할 수 있는

남다른 서비스를 개발하는 것도 직장 속에서의 창조적 활동이라고
할 수 있다.

창조적 아이디어에 반대하는 상대방을 진심으로 설득하라

제약이나 규칙을 이유 없이 무시하는 것은 바람직하지 못하며, 참
된 용기라고는 할 수 없다. 착상이나 아이디어 단계에서는 어떠한
생각도 할 수 있겠지만, 충분히 생각하지 않거나 현실성을 갖고 있
는 것이 아니면 그 누구도 그 의견에 동의하지 않을 것이다.

그러나 아무리 현 실정에 필요한 뛰어난 것이라도 조건이 맞지 않
는 경우가 종종 있을 수 있다. 전례가 없기 때문에 많은 사람들의 이
해를 얻기란 쉽지 않은 것이다.

그러나 정말로 현실성이 있는 확실한 것이라면 백 번이라도 상대
방에게 알리려 하는 노력이 필요하다. 작은 비판으로 휘청거리다가
무너져버릴 것이라면 처음부터 자신이 없지 않을까? 자신의 책임을
다하면서 모든 에너지를 쏟아 만든 것이라면 그렇게 간단하게 사라
져버리지는 않을 것이다. 의욕과 열의를 갖고 설득을 해야 한다.

이해를 돕는 유용한 방법의 하나는 자신이 생각한 것의 장점을,
다른 것과 비교 하면서 상대방으로 하여금 신뢰를 얻는 것이다. 또
단점이 있다면 그것을 감추지 말고 설명해야 한다. 그리고 이 마이

너스되는 부분을 보충할 수 있는 아이디어를 겸손하게 말하는 것이 좋다. 이런 세심하고 겸허한 태도에 관련자들의 태도가 확 변하기도 한다. 열의와 겸손함은 그 어느 쪽도 결함이 되어서는 안 된다.

아이디어가 아직 중간단계이며 Go사인을 얻어내야 할 때에는 특히 이 아이디어를 실천하기 위해서 가능성에 대해 설득하고 열정을 가지는 것이 중요하다.

자신의 아이디어를 사람에게 팔아야 하는 상황은 그 자체가 하나의 창조적 문제해결에 직면해 있는 것이라고 할 수 있다. 힘들게 만들어진 아이디어가 설득 부족으로 중간에 좌초되어버린다면 차라리 시작하지 않는 편이 나을 것이다. 하나하나 당면한 과제를 해결해 나가고 반대하는 사람을 설득하며 포기하지 않는 노력이 필요하다.

창의의 출현, 창의적인 사람의 출현이 반드시 다 '장밋빛'이 아니라는 사실에도 주목해야 한다. 창의적인 사람은 새로운 것을 찾는 사람, 새로운 보람을 찾는 사람, 보람 있는 새로운 일을 꾸며내는 사람이다. 기존 사회에는 없는 것을 꾸며낸다. 그런 것들이 기존에 도움이 될 수도 있지만, 많은 경우 심각한 변화를 주는 창조일수록 '기존파괴'의 위협이 될 수도 있다. 그래서 많은 창의적인 사람들이 이단자로서 박해를 받았다. 창의적인 사람의 출현을 기대한다면 기존에 대한 불만자, 회의자, 반항자, 파괴자 출현의 가능성을 감수해야 한다.

창의적인 사람 자신도 반드시 영광이나 행복을 얻는 '성공자' 가 되는 것은 아니다. 뛰어난 창의력의 주인공일수록 도리어 불만과 고민에 찬 방랑아, 반항아로서 힘든 길을 가야 하며, 때로는 박해까지 받는 경우도 있다. 역사에서 찾을 수 있는 창의의 거장은 대개 그런 고뇌를 가진 인물들이다. 창의적인 사람의 출현을 희망하는 일이나 창의적인 사람의 출현에는 그런 대가를 치를 각오가 있어야 한다. 그런 마음이 없다면 섣불리 창의력을 운운하지 않고 창의적인 사람의 출현을 바라지 않는 것이 도리어 마음 편할는지도 모른다.

아이디어는 학력에 관계없이, 사물을 얼마나 분석적이고 과학적인 사고로 바라보며 끈기 있게 잘 관찰하고 경험의 지식에 접목시키느냐에 따라 좌우된다. 브레인스토밍 원칙에서 강조하는 것처럼 아이디어를 낼 때 주의해야 할 점은 비판을 금해야 한다는 점이다. 그리고 제품만이 아니라 프로세스, 서비스 등에 대해서도 활발한 아이디어를 내야 한다. 양이 질을 창조하므로 되도록 많은 아이디어를 내어서 그 아이디어를 세련하고 구체화하면 하드웨어적인 면에서뿐만 아니라 소프트웨어적인 면에서도 새로운 기적을 맛 볼 수 있을 것이다.

기존의 틀을 깨고 경쟁의 축을 바꿔 성공한 회사

혁신은 제품이나 사업을 혁신하는 Product Innovation과 업무의 방식을 바꾸는 Process Innovation, 마지막으로 종업원의 의식을 바꾸는 Mind Innovation의 3가지 축으로 나눌 수 있다.

마이크로 소프트 사의 빌 게이츠 회장은 자신이 성공한 비결을 이렇게 이야기 했다. "주위에 변화(Change)가 왔을 때 그 변화 속에서 찬스(Chance)를 잘 잡았기 때문이다." Change의 단어 속에 있는 g를 c로 바꾸면 Chance가 되는 것처럼 간단한 것이지만, 변화가 왔는데도 모르고 있거나 준비하지 않으면 찬스를 잡을 수 없다고 한다.

아사히(朝日) 맥주의 사례는 Product Innovation의 대표적인 사례이다. 맥아더 군정의 재벌해체 정책으로 기린맥주, 아사히 맥주, 삿포로 맥주 3개사로 강제로 분리되었지만 1950년대에는 아사히 맥주 회사가 시장점유율 33.5%로 일본 맥주시장에서 1위였다.

그러나 1960년대에는 기린맥주에게 1위를 빼앗겨 버렸다. 맥주시장이 포화상태가 되고 주세도 인상되었고, 더구나 용기가격도 맥주가격의 70%정도로 높아졌다. 뿐만 아니라 와인 등 다른 술과도 경쟁이 격화되었다.

1985년에는 기린의 공격적인 경영과 산토리 사의 맥주시장 신규 진출로 아사히 맥주는 시장점유율이 9.6%로 떨어졌다. 이때 기린은

61.4%라는 점유율을 획득하며 시장의 규모를 확대해 나갔다. 기린 맥주는 가정용 맥주라는 새로운 시장을 개척하여 점유율을 늘려 나가는데, 아사히는 기존에 하던 방식을 고집하며 업소용 맥주에 주력하고 있었다. 아사히(朝日)라는 한자의 뜻은 아침에 뜨는 해를 의미하지만 아사히 맥주는 더 이상 뜨는 해가 아니라 지는 해(夕日)라고 일본 소비자들이 비난하기도 했다.

이대로 가다가는 망한다는 의식이 직원들에게 팽배해 있을 때 스미토모 은행의 부행장 출신인 히구치 히로타로 씨가 새로운 사장으로 영입되었다. 사내에서는 '은행 출신이 뭘 알아!' 라는 부정적인 반응이 많았다.

히구치 사장은 오자마자 신세품으로 신시장을 만들자고 했다. 품질, 브랜드 이미지, 세일즈 네트워크에서 기린과는 경쟁이 되지 않으므로, 맛이라는 차별화 축을 새롭게 만들어 신시장을 개척하고 선점하는 전략을 세웠다.

아사히는 일본 국민들의 육류 소비량을 분석해 본 결과 전쟁 후부터 소비량이 점점 증가하고 있다는 것을 발견했다. 기름기 있는 것을 많이 먹는 점에 착안하여 기존 맥주 맛과는 다른 톡 쏘면서 산뜻하고 단맛과 쓴맛을 동시에 주는 맥주를 개발하여 슈퍼드라이라고 이름 붙였다. 마시면 목의 기름기를 씻어주는 느낌이 들고 마시고 나면 단맛이 나는 아사히의 야심작 슈퍼드라이가 드디어 시장에 출시되었다.

결국 출시 1년 만에 아사히의 점유율이 9.6%에서 12.9%로 신장되었다. 이렇게 되자 기린의 사장은 간부들에게 빨리 대응하라고 했지만 기린 사의 간부들은 매미제품(여름 한철 팔리다 없어지는 제품)이라고 슈퍼드라이를 무시해 버렸다. 그러나 1988년에는 아사히의 시장 점유율이 20.6%까지 확대되었다. 3년 만에 2배로 늘어난 셈이다.

기린의 간부들은 NIH(Not Invented Here)병에 걸려 있었다. 자신의 의견이나 아이디어가 아니면 우선 무시해버리는 현상을 NIH병이라 한다. 그 후 기린은 여러 가지 신제품을 냈지만 슈퍼드라이의 성장을 막기에는 역부족이었다. 변화를 캐치하여 찬스를 살린 멋진 작품으로 슈퍼드라이가 탄생한 것이다

히구치 사장이 취임한 후 11년이 되는 1996년에는 시장 점유율이 30~45%로 확대되었고 2000년에는 40%의 점유율을 획득하였다. 그리고 2001년에는 아사히가 48년 만에 일본 맥주시장 1위의 아성을 당당히 차지했다.

한국에서는 OB맥주에게 하이트 맥주는 싸움의 상대도 되지 않는 회사였다. 하지만 변화하는 환경에 대응한 하이트 맥주가 1996년에 OB맥주의 아성을 무너뜨리고 지금까지 시장을 지배하고 있다. 구미전자 회사에서 페놀이 유출되자 수돗물에 대한 신뢰가 한순간에 무너졌다. 매일 TV나 라디오에서 구미에서 수돗물을 먹고 입원한 사람의 소식이 전해지자, 정수기가 불티나게 팔리고 산에

있는 약수터에는 깨끗한 물을 찾는 사람들이 줄지어 서있었다. 그 때 하이트라는 브랜드로 조선맥주가 '지하 150미터 암반수로 만든 맥주' 라는 이미지를 소비자에게 불어 넣어서 시장을 급속하게 확대해 나갔다. 그 성공을 계기로 회사명도 하이트 맥주로 바꾸고 변화 속에서 찬스를 잡았다.

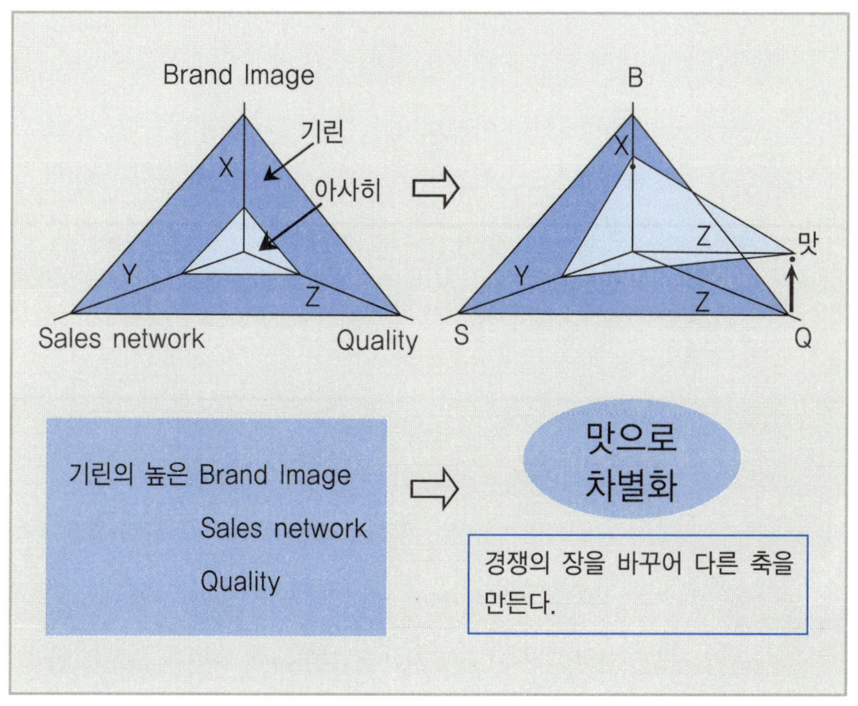

3) 성숙한 사회의 창조적 인물이 되는 방법

심각한 사람들에게서는 아이디어가 절대로 나오지 않는다. 유머와 창조력은 절친한 친구 사이이다. 그러므로 일할 때 재미가 없다면 인생을 낭비하고 있는 것이다. 우선 마음을 즐겁게 해야 한다. 그러면 저절로 아이디어가 떠오르고 창조적인 인물이 될 수 있다.

20세기 최고의 발명품은 'world wide web' 이다

무언가 서로 다른 두 가지를 합쳐 보면 재미있는 아이디어가 나온다. 허친스라는 사람은 자명종과 시계를 결합하여 자명종 시계를 발명했다. 리프먼은 연필과 지우개를 합쳐 지우개 달린 연필을 만들었다. 어떤 이는 걸레에 막대기를 붙여 대걸레를 만들었다. 20세기를 바꾼 상품이 39가지가 있는데, 그중에 가장 오래된 것은 1900년에 개발된 종이를 묶는 클립이며 가장 최근에 개발되어 인류에 가장 큰 영향을 끼친 상품은 "www", 즉 "world wide web"이다. 이러한 상품들은 창조적 인물들에 의해 만들어지고, 그것들에 의해 인류는 편안함과 행복을 추구하게 된다. "www"는 정보의 바다에 들어가는 창문이라고 한다. 그 공간을 자유롭게 왕래하려면 영어능력이 반드시 필요하므로 독어나 불어를 배우는 사람도 점점 줄어들게 될 것이라는 말도 있다.

세계에서 가장 짧은 시간에 10조의 기업을 이룩해 낸 소프트뱅크의 손정의 사장은 이러한 성공의 비결을 "나의 본적은 인터넷 안에 있다"라는 말 한마디로 표현했다. 이것을 보더라도 전에는 생각지도 못했던 가상공간 속에 많은 상품이 등장하고 있으며, 가상공간에서의 아이디어 발상이 중요하다는 점을 인식할 수 있다.

표준작업이 불량의 원인

부산에 있는 S브라운관 회사에서는 경영위기를 극복하기 위하여 1,600억 원가절감을 목표로 세워서 활동하고 있었다. 그러던 중 환율이 내려갔고, 다시 절감목표를 수립하여 피나는 노력을 한 결과, 3,000억 이상의 원가절감 성과를 냈다. 이러한 성공사례를 배우기 위해 F베어링 제조회사의 간부들과 함께 S브라운관 회사를 방문한

적이 있다.

S브라운관 회사는 철저한 코스트다운 노력으로 혁신활동의 깊이가 점점 심화되다 보니 그 동안 있었던 고질적이고 만성적인 품질문제에까지 접근하여 해결하려는 시도를 하게 되었다. 수년 동안 해결하려고 노력했지만 번번이 실패했던 현장문제들에 대하여 철저하게 참 원인을 규명해 보니, 생각지도 못한 것이 문제의 근원으로 판명되었다. 그 원인은 다름이 아니라 누구나 올바르다고 믿고 있는 표준작업이었다. 내용이 현실에 맞지 않게 작성이 되어서 그대로 하면 불량이 날 수밖에 없었으며, 잘 작성된 표준이라 하더라도 지켜지지 않아서 불량의 원인이 되는 것이 대부분이었다.

그 후 표준작업을 재점검하여 작업자와 반장이 직접 작성하고 생산기술부서의 확인을 받게 하여 표준작업대로 작업하게 했더니, 불량 문제의 대부분이 해결되었다고 한다. 이와 같이 정해진 룰을 재검토함으로써 문제해결을 위한 아이디어를 발견하고, 미처 파악하지 못했던 만성적인 문제를 해결할 수 있다.

창조적인 사람은 하고 싶은 일을 하며 산다

우리가 일을 하는 가운데서 어떻게 하면 가장 높은 성과를 낼 수 있을까? 그것은 '황금금맥에 성공파이프를 꽂는 것' 이다. 황금금맥은 어디에 있는가? 그것은 재미있는 일, 하고 싶은 일, 잘 할 수 있는 일 속에 무한히 매장되어 있다. 추가적으로 재화의 흐름이 어디로 흘러가는지도 고려해야 한다. 그러나 돈의 흐름에 지나치게 민감할 필요까지는 없다. 앞의 세 가지를 제대로 발굴하여 꾸준히 정진하면 돈을 만드는 방법은 자동적으로 떠오르기 때문이다.

당신이 지금부터 중점적으로 해야 할 일은 삼각틀의 중앙점을 발견하는 것이다. 중앙점이라는 판단이 서면 금맥이 나올 때까지 전심 전력을 다하여 파라. 그러면 행복, 성공, 부자 등을 마음대로 뽑아 올릴 수 있다. 스롤리 블로트닉 연구소에서는 '부를 축적하는 법' 을 연구하기 위해 1천5백 명을 두 그룹으로 나누고 20년에 걸쳐 이들을 추적, 조사했다. A그룹은 자기가 하고 싶은 일을 나중으로 미루고 우선 당장 돈에 주안점을 두고 직업을 선택한 사람들로 전체의 83%를 차지했다. B그룹은 돈보다는 하고 싶은 일을 최우선으로 고려하여 직업을 선택한 나머지 17%의 사람들로 분류됐다.

20년 후 발표된 조사 결과는 놀랄 만한 것이었다. 1천5백 명 중 101명이 억만장자가 됐다. 억만장자 중 100명이 B그룹에서 나왔고, 단 한 명이 A그룹에서 나왔다. 당신도 큰 성과를 내고 싶은가? 그렇다면 당신이 잘 할 수 있고 하고 싶은 일을 먼저 하라. 고도로 집중하여 황금이 나올 때까지 에너지를 쏟아 부어라. 이것이 성공의 핵심비결이다.

우선 자신이 잘 할 수 있는 능력이 무엇인지를 파악하고 그 능력

을 발휘해 보자. 능력이란 여러 가지 힘이 복잡하게 얽혀서 만들어
지는 것으로 결코 단독적으로 존재하는 것이 아니다. 사람에게는 각
각 잘하는 점이 있지만 이것은 능력의 결합방법과 관계가 있다. 예
를 들면, 기억력이 뛰어난 사람이 있다. 이것은 언어의 유창함이라
는 다른 하나의 능력과 결합되어 말로 표현되는 것이므로 영업사원,
아나운서 등 전문직에 종사하면 틀림없이 성공할 것이다. 직업적성
은 이런 단순한 것만으로는 결정될 수 없으나 자기가 잘 하는 것을
발휘할 수 있는 직업을 찾는다면 아마도 최상일 것이다.

역할성격을 창조적 성격으로 잘 융화시켜
나가는 것이 진정한 자기의 창조다

사람에게는 누구나 태어날 때부터 가지고 있으며 평생 동안 변
하지 않는 습관이 있다. 특히 먹고 싶은 음식은 반복하여 찾게 된
다. 또 어릴 적에 만들어진 성격이나 기질이 좀처럼 바뀌지 않는 사
람도 있다.

하지만 자라면서 점차 어른스러운 인격이나 태도를 몸에 익히게
된다. 여기에서 제일 표면적으로 보이는 부분이 역할성격이라는 것
이다. 이 역할성격이란 자신에게 부여된 일을 담당하고 여기에 부응
해 나가면서 만들어지는 사회적 성격이다. 어떤 사람이든 가정에서

는 가정에서의 역할이 있고 직장에서는 직장인으로서의 역할이 있다. 예를 들자면 관리자, 뛰어난 영업사원, 센스 있는 여직원 등과 같은 사람들은 자신의 역할을 잘 담당하고 있다고도 할 수 있다. 이 역할행동을 다하기 위해서는 나름대로 성격이나 능력에 맞는 일을 해야만 한다. 그러나 자기와 맞지 않는 분야에서 일하는 경우도 많이 있다.

자신은 '자아'라고도 부르며 이 자아를 발견하는 다른 하나의 자신을 '자기'라고 하는데, 자아는 외부의 것을 볼 뿐만 아니라 자기라는 내면도 볼 수 있다. 성인은 언제든지 자기를 꼼꼼하게 체크하고 어른으로서 책임과 의무를 다할 수 있도록 노력해나간다. 기대받는 역할을 다할 수 있도록 자신을 바꿔나가려 하는 역할인식이 있기 때문이다.

만약, 이러한 역할성격을 창조적 성격으로 잘 융화시켜 나간다면 이것이야말로 진정한 '자기'의 창조라고 할 수 있다. 창조성을 배양한다든가 창조적인 인격을 만든다거나 하는 일이 바로 이것이다.

창조적 성격으로 자신을 바꿔나가는 일에 저항하는 사람은 없을 것이다. 이 창조적 인격을 가진 사람이 역할성격을 다하게 된다면 최고로 풍부한 삶의 방식을 표출하게 될 것이다. 아울러 주위 사람은 최대한 그 사람에게 기대를 걸게 되고, 기대를 받는 사람은 누구든지 어떻게라도 해서 기대에 부응하려고 할 것이다. 그래서 기대는 직접적으로 본인에게 표시되는 것이다.

　어느 한 신문에 모닝키스라는 기사가 실렸다. 미국의 한 보험회사가 실시한 조사에 의하면 출근 전에 부인이나 어린이들과 키스하는 습관이 있는 남성은 그렇지 않은 남성보다도 평균수명이 5년이나 길고, 질병에 의한 결근율도 절반밖에 안 된다고 한다. 또 교통사고를 당하는 것도 그렇지 않은 사람에 비해 극히 낮으며 연 수입도 키스를 하지 않는 남성에 비해 약 30%나 많다고 한다.

　또한 '다녀오세요', '다녀오셨어요' 하는 인사 중 어느 것 하나라도 가볍게 생각해서는 안 된다. 큰 뜻 없이 하는 말이지만 이런 인사 한두 개가 큰 기대와 감정을 불러오기도 하며 의욕을 만들기도 하기 때문이다.

　사람들과 다른 생각을 한다거나 누구도 발견하지 못한 것을 생각해내는 창조력은 이러한 의욕과 깊은 관계가 있다. 예를 들어, 기억력이 뛰어나고 말솜씨가 유창한 사람이라 할지라도 기대나 의욕이 없을 때라면 보통 사람과 별반 다를 바가 없을 것이다.

창조는 목적을 향한 능력의 총합적 발휘다

　어느 분야에서의 프로는 그 일과 정반대인 다른 분야에서도 그 세계의 사람들과 어깨를 나란히 할 수 있을 정도로 재능을 발휘한다고 한다. 누구라도 무엇 무엇이 되고 싶었던 어릴 적 꿈은 하나 둘 갖고 있을 것이다. 물론 어릴 때 상상 속에서만 존재하는 것일 수도 있지만, 숨겨진 재능이라든지 자신도 몰랐던 능력이 의외로 존재하고 있는 경우가 많다. 머지않은 미래에는 이러한 다른 하나의 능력을 발휘할 수 있는 기회가 생길 수도 있다.

하지만 이런 능력을 꼭 사람들 앞에서 보여야 하는 것은 아니다. 아무리 사사롭고 눈에 뛰지 않는다고 해도 자신과 친한 사람들이나 가족들이 인정해 주고, 즐길 수 있다면 이미 그것은 스스로 풍부함을 넓히기에 충분하다.

신문이나 잡지 등에 소개되는 능력개발을 위한 강좌안내도 매년 다채롭게 변하고 있다. 이처럼 숨겨진 능력을 재개발하고 싶다고 생각하는 사람들이 많이 있을 것이다. 교양이나 취미를 높이기 위한 사람, 자격취득을 목표로 하는 사람, 특기를 수입으로 연결시키는 사람, 숨겨진 재능을 살리기 위한 사람 등 다양하다.

당신도 이 중 하나 정도는 생각하고 있을 것이다. 마음먹은 날이 길일이라고 하듯이 할 마음이 생기면 즉시 실행해야 한다. 평소 취미인 것, 좋아하는 것이라면 무엇이라도 시작해보도록 하자. 지금 시작하는 일이 당신의 미래를 열어 줄 것이며 새로운 길로 인도해 줄 것이다. 몇 가지 다른 분야에 접근하다 보면 자신도 모르고 있던 능력이 어느 곳에서 어느 순간 튀어나올지 모른다.

이미 몸에 익힌 능력을 더욱더 향상시키는 쪽도 나쁘지는 않으나

잠자고 있는 다른 능력들을 끌어낸다면 당신의 삶은 배로 풍요로워
질 것이다.

창조적 인물은 차별화, 개성화된 자신을 만든다

지금까지의 성장형 사회에 대응하는 새로운 사회 타입으로 성숙
형 사회라는 표현이 나오고 있다. 요즘의 경제사회 변화는 아래와
같이 구분할 수 있다.

① 1980년대 = 생활혁신의 시대(성장이륙기)

② 1990년대 = 양적충실의 시대(고도성장기)

③ 2000년대 = 물적 평등화의 시대(복지우선기)

④ 2010년대 = 차별화, 개성화의 시대(성숙기)

이 분석은 전적으로 소비활동에만 해당하는 것은 아니며, 사회생
활 전반을 특징적으로 파악하는 데 도움이 된다.

성장형 사회는 타인에게 뒤쳐지지 않도록 노력하는 행동이 특징
적인 것에 반해 성숙형 사회는 어떻게 하면 타인과 다른 차이를 두고
개성을 발휘할까 하는 것에 중점을 두는 사회라고 분석하고 있다. 성
숙이라는 의미는 세계경제 전반에서 보이는 경제의 성숙기라는 의
미와 산업인 · 조직인의 연령적 숙년기라는 의미가 포함되어 있다.

앞으로 다가올 20년 정도의 시간 동안 사회와 우리들의 일상생활

은 어떻게 변해갈 것인가? 한마디로 말하자면 점점 자조(自助)적 성격을 띠게 될 것이라 생각한다. 자신밖에 모르는 의식이 각 면으로 확대되어 가는 것이다. 기업 내의 교육훈련 하나를 예로 들자면, 기술이 진보하는 스피드로 일 전체가 변화하게 되면 지금까지와 같이 기업이 전 사원에 대한 지도를 하거나 교육기회를 주는 것은 곤란하게 된다. 변화에 대응하기 위해서 각자가 커버해 나가야 하는 일들이 점차 늘어나게 될 것이다.

신문에서는 매년 고령화와 궁핍한 재정사정으로 연금제도에 적신호가 들어왔다고 전하고 있다. 싫어하는 일에 눈살이 자연히 찌푸려지는 것이 사람이지만 이 험난한 현실에 어떻게 대처해갈 것인지 신중하게 생각해 보는 자세가 그 어느 때보다 중요하겠다.

성숙형 사회에서는 '한 분야에만 뛰어난 능력을 갖고 있는 것이 아니라 다방면에 능한 다면형 인간'으로 바뀌어 앞으로의 비즈니스 사회를 대응해가야 한다. 성장형 사회의 행동원리였던 '생활의 양'을 얻기 위해서 열심히 움직이는 의식이 점점 후퇴하고 관심은 정신적, 정서적인 방향으로 옮겨져 왔다.

앞에서 말한 성숙형 사회란 '경제적 풍요, 정치적 민주화, 교육, 문화적 측면이 높은 수준에 달했고 그것을 기반으로 보다 풍요로운 인간성이나 융통성이 추구됨과 동시에 충분한 활력을 갖는 사회'라고 한다. 또한 이와 같은 성숙형 사회에서 살아나가기 위해서는, 생활의 대부분을 기업 활동에 투입시키는 바람에 개인적인 생활이 줄어들어

비개성화가 되어가는 경향을 없애 나갈 것을 권장하고 있다고 한다.

다른 사람과 어떻게 차이를 두고 개성을 발휘할까 고민하는 것은 소비생활에서만 나타나는 것이 아니다. 성숙형 사회를 살아가는 사람이라면 행동 전반에 있어 필요한 의식인 것이다.

폭넓은 지식과 풍부한 감성, 즐거운 화제를 많이 갖고 비즈니스에서나 지역 활동에서도, 가정 생활에서도 충실하게 활동을 할 수 있는 사람이라면 21세기가 바라는 바람직한 인재상일 것이다.

우선 자신의 영역을 넓히고 자신이 없는 부분을 보완하자

초등학교나 중학교에서 흥미를 갖고 제일 잘했던 과목이나, 그것과 관계가 있는 일들은 지금까지 했던 다른 일에 비해 자신이 있을 것이다. 잘하는 것과 좋아하는 일은 관계가 깊으며 지속적으로 해 나갈 수 있는 조건을 마련해 준다. 무엇보다 자신과 잘 맞는다는 것은 자신이 본래 갖고 있는 성격과 딱 맞아 떨어지기 때문이다.

그러나 역할기대에서는 본인이 잘하지 못하는 일이 맡겨진다 해도 해내야만 한다. 자기모순을 느끼면서도 자아로부터 엄하게 감시되고 있는 상태이다. 취미나 특기는 이 긴장감에서 자기를 풀어주고 영역을 확대시키는 것이다. 특기라는 것은 물 만난 고기처럼 의욕 넘치는 생기를 불러 일으켜 준다.

만약 당신이 영업사원이라면 회수율이 나쁜 고객관리 비책을 갖고 있는 것 또한 적지 않은 보람과 즐거움으로 남을 것이다. 자작 프로그램을 만들고 사람과 만나며 취미를 살려 일하면서 즐거움을 만끽하는 것은 아무래도 개성화 시대에 어울리는 삶의 방식일 것이다.

자신 없는 부분은 극복하자. 누구라도 잘하는 부분이 있으면 못하는 부분이 있기 마련이다. 못하는 부분에서 제일 어려운 적은 싫어하는 상대방이다. 로버트 W. 윌슨은 "창조력이란 자기 자신과는 물론 타인과 만나면서 만들어지는 하나의 형태에서 자기를 표현하거나 그것을 확인하거나 하는 체험이다"라고 말했다. 서투름은 용기가 필요하며 잘 들어주는 마음만 있다면 의외로 상호간에 마음이 쉽게 통할 것이다.

또 사람뿐만 아니라 일에서도 공부에서도 내가 먼저 움직이기 시작하면 쉽게 해결될 것이다. 잘못하는 부분을 채우고 극복하기 위해서는 할 줄 아는 것부터, 쉬운 것부터, 무엇이든 기본에서부터 시작해야 한다.

앞으로의 사회에서는 다면형 인간을 요구하고 있다. 그러나 이 다면형은 다른 면의 다양함만으로 얻어질 정도로 쉬운 것만은 아니다. 하나하나의 새로운 면에 충분히 대처할 수 있도록 역량을 갖추어야 한다. 하나에만 너무 편중되어서는 안 된다. 대신 쉽게 손을 떼지 말고 신중하게 몰두하는 자세로 그 하나하나의 깊이를 파악하고 진정한 '멀티형' 인간이 될 수 있도록 노력해나가는 자세가 필요하겠다.

Reverse...
Imagination...
Creation...

뒤집고, 상상하고, 창조하라! 삼성&도요타 창조경영

창조경영의 실천적 전개

창조성을 넓히는 요건에는 어떤 것이 있는가? 조직 속에서 어떻게 창조성을 넓혀갈 것인지, 어떤 방법으로 제약을 극복해 갈 것인지가 당면한 과제라고 할 수 있다. 여기서 다시 한 번 창조란 무엇인가에 대해 생각해 보고자 한다.

Creative Power
Samsung&Toyota

1) 창조력을 높이기 위한
프로세스 5가지

일상생활이나 업무 중에서 아이디어를 활발하게 얻기 위해서는 다음과 같은 프로세스로 접근하면 보다 쉽게 아이디어를 얻을 수 있다.

첫째, 직접 호기심을 가지고 현장을 보라

개미, 강아지, 어린이들의 공통점이라면 무엇이 떠오르는가? 우선은, 가만히 있지 못한다. 이리저리 분주하게 다니면서 때때로 묘한 것을 발견해 오고, 꽤 예민한 반응을 보이는 것 등을 떠올릴 수 있다.

창조의 기본이 되는 재미있는 내용들은 일상 주변에서 보거나 듣거나 체험해보는 과정에서 얻을 수 있는 것이 많다. 여기서 중요한

것은 많이 돌아다니고, 딴 짓을 해보면 평상시와는 다르게 묘한 것
에 휘말린다는 점이다. 묘한 것이란 지금까지 몰랐던 것, 굉장히 신
기한 것, 모르는 것, 크게 자극적이나 사용법을 알지 못하는 것을 말
하며 한마디로 호기심을 자극하는 것을 의미한다.

사람에게는 미지의 물건을 만지고 싶은, 모르는 물건을 확실하게
확인하고 싶어하는 욕구가 누구에게나 있다. 이 욕구를 만족시키기
위해서는 직접 현장으로 가보고 스스로 체험을 통해 살아있는 정보
를 획득해야 한다. 이 체험적 이미지는 무언가 새롭게 생각해낼 때
의 계기가 되기도 한다.

둘째, 보는 시점을 차별화해서 다르게 보라

무언가를 본다고 해도 모두가 똑같은 것을 똑같은 시선으로 보지
는 않는다. 똑같다고 해도 각 사람이 모두 제 각각이기 때문이다. 같
은 사람이 동일한 대상을 다르게 볼 수 있다.

부엌용품 중에 생선구이그릇으로 로스터라는 것이 있다. 보통은
불 위에 생선을 올려놓고 굽지만, 로스터는 반대로 가열판이나 가스
버너 밑에 생선을 넣고 굽는 형식이다. 생선에서 나오는 기름으로
화염이나 연기가 올라오는 일이 없기 때문에 깨끗한 주방일이 가능

하다. 이 발상은 기존의 생선구이를 다른 시점으로 본 것이다. 보는 시점이 변하면 물건은 다른 모습으로 변해 보이기 때문이다.

셋째, 목표나 스피드 면에서
남에게 뒤지지 않는 방법을 스스로 찾아라

정보의 승부는, 사건 발생 이후 소문이 퍼지기 시작하는 전반 부분에 결정된다. 촌각을 다투어 조금이라도 사람들이 모르는 것에 대해서 미리 알고, 그것을 신속하게 다른 사람에게 정보를 흘리는 것에 쾌감을 느낀다. 정보를 다루는 전문직을 갖고 담당하는 사람이라면 그렇게 하기 위해서 조금 어렵더라도 첨단기술 분야, 기술의 폭넓은 영역, 최근에 유행하는 용어, 지금 착수중인 테마 등을 주의 깊게 보고 본인 스스로 움직이기 시작하면서 정력적으로 그 테마를 쫓아야 한다.

정보는 분명히 자신의 역량 범위 안에서만 얻을 수 있다. 그러나 그 정보의 파악방법에서 남의 방법을 따르지 말고, ‘어떻게 다르게 할 수 없을까’, ‘위탁하면 어떻게 될까’, ‘그러면 어느 쪽이 이익일까’라고 자신의 눈으로 다시 한 번 볼 필요가 있다. 이것으로 타인과는 전혀 다르고 빠른 정보취득 방법을 습득할 수 있다.

발명고안 2,360건으로 에디슨을 능가한다는 나카마츠 요시로 씨는 그 저서 『창조력의 비밀』에서 한 달에 헬리콥터 한 대를 파는 목표를 세우고, 헬리콥터로 잎의 뒷부분 한 장 한 장까지 농약을 뿌릴 수 있도록 살포하는 장치를 고안하여 놀랍게도 목표를 달성한 경험담을 실었다. 하늘을 날며 농약을 살포하는 헬리콥터는 왜 그리 많이 팔리지 않을까? 어떤 기능을 팔면 될 것인가? 왜 사지 않으려고 하는가? 하는 등으로 문제에 대해 자신의 눈으로 재검토한 순간, 한 달에 한 대라는 가능성 없어 보이는 목표가 그에게는 오히려 사소한 목표가 되었다고 한다.

넷째, 예리하고 꼼꼼하게 보고 큰 흐름을 보라

우리들이 생각하는 대상은 모두가 구체적이지만은 않다. 부모자식 관계나 아주 가까운 친구의 우정, 업무의 흐름, 소비자 의식 등 직접 육안으로 확인되지 않는 것들이 매우 많다. 이런 추상적인 관계를 정확하게 파악하기 위해서는 다른 하나의 눈, 즉 '마음의 눈'으로 봐야만 한다.

정보 수집을 할 때, 한번 보고 내용의 요지를 파악하고 재미있는지 없는지를 바로 알아차린다. 정보의 안테나는 한번 달면 정해진 영역에 고정되어 날아오는 것을 받아들이므로, 결국 활발한 정보수집 활동을 한다고 볼 수 있다. 끊임없이 얻어지는 정보가 있으면 나아가 부분이나 세밀함에 대해서도 어떻게 연구해야 하는지 예리해진다. 그러나 전체정보, 종합정보를 갖지 않으면 부분정보가 증폭되어 과대하게 보여 버린다. 합리적인 판단을 하기 위해서는 정보가 흘러오는 것을 기다리고만 있어서는 안 된다. 항상 폭넓게 스스로 정보를 얻고 정보감각을 예리하게 하는 것이 필요하다.

'날카롭다' 라는 말은 예리하다, 눈치가 빠르다, 관통하다 등의 이미지와 감도·감각이 예민하여 조그마한 것도 결코 그냥 지나치지 않는다는 이미지를 나타낸다. 앞의 의미는 전체를 큼직큼직하게 파악하는 모습으로 총체적으로 막힘없이 보는 것을 의미하고, 뒤의 의미는 부분에 대해서 상세함을 추구한다는 의미가 강하다. 창조적인 아이디어를 내기 위해서는 이 양쪽의 개념이 다 필요하다. 어느 쪽에든 편중되지 않도록, 창조에는 다른 아이디어를 BM하는 것 역시 굉장히 중요하다. 특허라는 것은 거의 대부분 타사의 아이디어를 건드리지 않는 범위 내에서 어떻게 틈 사이를 빠져나가느냐에 따라 승부가 결정된다. 만년필 1개에 800개 이상의 특허 아이디어가 있다고 하면 아마도 깜짝 놀랄 것이다.

다섯째, 스스로 관찰하고 확인해 보라

감각이나 감성은 말로 옮기기 전에, 또는 말로는 표현할 수 없는 것들을 직감적으로 눈치 채는 힘으로서, 매우 중요하다. 사람들은 "다녀왔어요" 하고 현관문을 여는 순간 풍겨오는 냄새로 오늘 저녁 반찬이 무엇인지 알 수 있다. 전화 목소리 상태로도 상대의 기분을 파악할 수 있다.

감각이나 추리는 '마음의 눈'이다. 그러나 이 두 개는 때로는 다르게 움직이고, 착각할 수 있는 위험을 내포하고 있다. 잘 이해가 가지 않는 것은 재확인하는 것이 중요하다. 직접 관찰할 수 없는 것이나 이상하다고 느끼는 것에 대해서는 역시 '어? 뭐지!' 하면서 잠시 확인을 하고 지나가는 습관이 필요하다. 문제가 일어나버린 후의 보상은 사후처리지만, 미연에 문제를 방지한 것은 결손을 만들어 내지 않는 것이므로 창조적이라고 말할 수 있다.

2) 창조경영을 위한
문제 만들기와 목표 만들기

창조성을 넓히는 요건에는 어떤 것이 있는가? 조직 속에서 어떻게 창조성을 넓혀갈 것인지, 어떤 방법으로 제약을 극복해 갈 것인지가 당면한 과제라고 할 수 있다. 여기서 다시 한 번 창조란 무엇인가에 대해 생각해 보고자 한다. 창조란 한마디로 말해서 '새로운 가치를 창출해 내는 것' 이다.

새로운 가치를 창출해 내기 위해서는 문제의식이 높아야 한다. 왜냐하면 문제의 크기에 따라 목표의 크기도 달라지기 때문이다. 창조공학자인 나카야마 선생은 창조를 "문제를 해결하기 위해서 이질적이기는 하나 새로운 것을 조합해 지금까지는 없었던 움직임을 만들고, 발상 이외에도 그것을 사용할 수 있는 형태로 만드는 것을 포함한다"라고 정의하고 있다.

여기에서는 이질적인 것의 조합과 사용할 수 있는 형태로 만든다는 점에 주목해야 한다. 결국 창조란 문제를 해결하기 위해 과거에 겪은 지식 경험을 조합하는 일이며, 조합이 이질적이면 이질적일수록 비약할 수 있다. 또 그것이 발상만으로 끝나서는 안 되며 실제로 사용할 수 있는 형태나 팔릴 수 있는 형태로 만들어진다는 의미이다.

이 정의에서 보면 창조의 프로세스에는 문제의식과 목표, 착상 그리고 발상과 유효화가 필요하며, 그 바탕이 되는 것은 정보이자 지식임을 알 수 있다.

따라서 자신의 입장에서 창조성을 넓혀가기 위해서는 이 세 가지 항목이 중요하다. ① 문제 해결을 위해 그 해결 목표를 발견해가려 하는 의지를 높인다. ② 문제해결이라는 목표를 달성하는 데 필요한 착상을 하기 위해 폭넓은 일반정보(지식)를 수집한다. ③ 실용화, 유효화하기 위한 전문정보(지식)를 갖는다.

강한 달성동기로 목표의식을 높이자

하버드 대학의 맥클랜드(David C. McClelland) 교수의 달성동기이론에 의하면 비즈니스맨 중에서 달성동기가 높은 사람은 10% 정도라고 한다. 달성동기란 '스스로 목표를 만들고, 다른 사람에게 지지 않고 달성하려 하는 동기'를 말하며, 노는 것에 대한 달성동기가 일을 향한 달성동기보다는 높다고 한다. 또 창조적 사고타입인 사람은 25% 정도이고, 달성동기가 높은 사람이 10%라는 숫자를 보면 창조적으로 부지런히 일을 하고 있는 사람이 얼마나 적은지를 알 수 있다.

창조력을 발휘하려면 달성해야 할 목표가 반드시 필요하다. 그러나 일에 익숙해지면 익숙해질수록 습관 속에 안주해 버리게 된다. 새로운 일이나 목표를 발견하려는 사고가 없어져 버리게 되며, 조직에서 제약이 많아지고 그 흐름에 맞춰 흐르게 되어 주체성을 잃어버리는 결과를 가져온다. 그것을 타파하기 위해서는 목표의식을 높여가야만 한다.

듀폰은 한때 나일론으로 떼돈을 벌었다. 1940년에서 1950년대까지 성공신화는 계속되었다. 그러나 군수용으로 판매되던 나일론이 더 이상 신규 고객이 없자 심각한 위기에 처했다. 이러한 문제를 해결하기 위해 나온 아이디어가 실크 스타킹 대신 나일론으로 스타킹을 만들어 보자는 아이디어였다. 문제를 통해 경영을 혁신한 사례이다.

또한 전혀 새로운 방향에서 목표에 대한 질문을 할 때마다 뜻하지 않았던 새롭고 가치 있는 답을 얻을 수도 있다. 질문에 의하여 목표달성을 위한 아이디어를 얻는 것이다. 여기 목표달성을 효과적으로 이끌어 낼 수 있는 몇 가지 질문들이 있다.

　— 당신은 목표달성을 위해 무엇이 부가되면 더 나은 결과물이
　　생성될 수 있겠다고 생각하는가?
　— 목표를 달성하기 위한 구성요소들을 재구성하거나 재배치하

려면 당신이 어떻게 해야 하겠는가?

— 목표달성을 위한 구성요소가 어떤 것으로 대체될 수 있겠는가?

— 당신이 내세우고자 하는 명확한 아이디어는 무엇인가?

— 당신의 아이디어가 목적하는 바와 이미 존재하는 대책과는 어 떤 부분에서 다른가?

— 그 차별성이 어느 정도인지 구체적으로 가늠해 볼 수 있는가?

[설문] 당신에게 보람은 무엇인가?

당신에게 '보람'을 느끼게 하는 것은 무엇이 있는지, 다음 항목에서 5개를 중요도 순으로 골라 기입하시오.

1) 일의 레벨(고도한 업무)

2) 작업환경

3) 일의 중요성(가치)

4) 노동시간

5) 자유재량의 여지

6) 임금수준

7) 창조공부(연구)의 여지

8) 복리후생 시설

9) 본인의 장래를 고려할 때 일이 가진 가치

10) 일의 장래성

11) 일에 대한 취미

12) 상사의 신뢰

13) 일의 적성(좋아하는 것)

14) 자신에 대한 상사의 개인적 배려

15) 일에 대한 자신

16) 능력향상에 대한 상사의 배려

[순 위]

1. _________________________   2. _________________________

3. _________________________   4. _________________________

5. _________________________

여기에서 우선 위의 [설문]의 답변을 통해 당신의 의욕을 만들어
내는 요인이 무엇인가를 생각해 보도록 하자.

이 설문은 하고 싶다는 의욕의 촉진요인과 제동요인의 두 개로 구
성되어 있다. 당신이 선택한 항목에는 홀수가 많이 들어 있지는 않
은가? 홀수 항목은 '보람'의 촉진요소이며 이 요인이 완비되면 목표
의식도 달성동기도 높아진다. 사람에 따라 6)의 임금수준을 선택한
사람이 있을 것이라는 생각이 들지만, 금전욕은 2차적인 욕구로 본
래 욕구가 만족되지 않을 경우 강하게 나타나는 것이어서 제동요인

으로 들어간다. 그러나 촉진요인으로서 움직이는 경우도 있다.

자발적인 목표의식을 높이려면 우선 자기 스스로의 힘으로 이 홀수에 있는 촉진요인을 적극적으로 확대해가야 한다. 예를 들어, 1년에 한 번은 고도한 일에 도전해 본다거나 가치 있는 일을 발견하는 것, 또는 자신의 적성을 발휘할 수 있는 일을 찾거나 창의적인 공부를 할 수 있는 일을 맡는 것, 한번 성공한 일을 다음 일로 연계시켜가는 것 등이 확대의 방책이다. 최근처럼 일이 전문화·세분화되면 촉진요인도 적어지지만, 자기의 의견 하나로 직무를 확대하고 충실히 해나갈 수 있는 가능성도 있다. 중요한 것은 이러한 마음가짐을 갖는 데에 있다.

창조력 끌어내기, 자발성을 높이는 힌트

(1) 행동을 움직이면 자발적인 힘이 커진다

다음으로, 창조성이 높은 사람의 행동특성 중에서 자발성을 높이는 힌트를 찾아보자. F. 바론은 창조성이 높은 사람의 특징으로, ① 사명감·적극성 ② 열중성·끈기 ③ 판단의 독자성 ④ 잘 모르는 사태에 대한 인내성 ⑤ 충동적 ⑥ 미적 감수성 등을 들고 있다.

우선 ①의 '사명감'은 사회에 대한 공헌, 회사에 대한 공헌, 사람에 대한 공헌심이 강하고 창조적인 사람의 특징이다. 미국에서 천재라고 불리는 사람의 가정환경을 분석해 본 결과 목사 가정이 가장 많았다는 사례를 보면, 종교적 사명이 창조성 발휘의 배경에 있지 않은가를 생각해 볼 수 있다.

②의 '열중성·끈기'는 무슨 일을 하든지 다른 사람보다 더 많은 흥미와 애착을 갖는 것이다. 스스로 이렇다고 생각하거나 재미있다고 생각하면서 그것에 몰두하는 것이 중요하다.

③의 '판단의 독자성'은 자신의 생각에 자신감을 갖고 주체적으로 행동하는 속에서 만들어진다.

④의 '잘 모르는 사태에 대한 인내성'이란 목표달성이 좌절하게 생겼어도 포기하지 않고 일정 기간 그 상태로 있거나 잘 모르는 것이 있다 하더라도 그건 그거라고 깨끗이 받아들이고 강하게 의미를 부여하지 않는 특성을 말한다. 창조성이 낮은 사람은 순식간에 옳고 그름을 판단하고 싶어하고, 무엇보다도 잘 모르는 상태로 놔두면 불안해서 안절부절하게 된다.

한편으로 주체성에 결여되는 것처럼 보이지만, 평상시에 보다 좋은 해결과 발상을 추구하기 위해서는 무리하게 결론을 내지 말고 잘 모르면 모르는 상태로 놔두는 것이 좋다. 이 특징은 흥미의 지속, 문제의식의 지속을 위해서도 특히 중요하다.

⑤의 '충동적'과 ⑥의 '미적 감수성'도 흥미와 연결되는 것으로, 무엇보다도 자신의 마음과 기분의 움직임에 충실한 것이 특징이다. 이 같이 창조성이 높은 사람의 행동특성을 스스로의 행동 속에 담으

려고 하는 것은 자발적인 힘을 높이는 효과적인 방법이라고 할 수 있다.

단, 꼭 주의해야 하는 것은 자기주장인 독자적 판단이 강해지면 조직 멤버와 충돌이 생기게 된다는 점이다. 창조성이 높아지면 조직의 규범이 걸림돌이 된다. 결국 그것이 심해지면 권위 무시, 규칙 무시, 지배성이라고 하는 형태로 나타나 조직 속에서 살아가지 못하게 된다.

조직도 창조성이 높은 사람의 행동특성을 어느 정도 인정하는 것이 필요하지만, 한편으로는 조직 전체의 성과도 높여가야 하므로 어쩔 수 없이 제약하게 되는 부분이 있다. 이것을 바르게 인식하여 우리들은 조직의 일원으로서 창조성을 발휘해가야 한다. 조직목표와 자발적인 동기에는 종종 갭이 생겨나지만, 그 갭이나 모순을 최대한 통합하고 벡터를 맞추어 가는 것이, 개개인이 해야 할 가장 큰 과제이기도 하다.

(2) 문제 속에 목표가 있다

자발적인 힘을 키웠다면 다음은 일 속에서 적극적으로 목표를 발견해 가자. 그런데 목표는 어떠한 프로세스로 자신에게 자각되는 것일까?

한 기술자가 기저귀건조기를 개발하려고 생각했다. 이 목표는 기술자가 돌연 생각해낸 게 아니라, 세탁물 속에 기저귀가 많다는 것에 주목하고 그 문제 속에서 목표를 발견해 낸 것이다. 불만이나 결점에서 문제가 발생하고, 이렇게 하면 더 좋을 것 같다는 희망에서도 목표가 설정된다. 희망사항을 뒤집어서 생각하면 항상 문제를 발견할 수 있다.

거기에서 우선 문제로 눈을 돌려보자. 문제란 도대체 무엇일까? 매일 하는 일은 문제해결의 연속이다. 사실 우리는 항상 문제에 직면해 있다. 단, 이와 같은 문제는 수동형의 문제로, 보다 창조적인 행동을 창출해 내는 문제에 비하면 진정한 문제라고는 할 수 없다.

창조적 행동을 창출해 내는 문제를 정의한다면 '① 조직이나 당사자가 해결해야만 하는 것 ② 목표달성에 장애가 되는 것 ③ 정해진 기준에서 벗어나 있는 것' 이 있다.

큰 조직목표를 달성하기 위한 장애를 떠올려보는 것은 목표를 발견하는 수단이 된다. 예를 들어, 매년 수출이 50% 이상이나 늘고 있는 회사에서 어학과 국제적 감각에 뛰어난 국제인 양성이 문제가 되는 반면, 다품종 소량생산이 급격하게 추진되고 있는 기업에서는 부품의 관리나 표준화가 반드시 필요하게 된다.

이처럼 기업이나 조직이 움직이는 방향으로 눈을 돌리고, 어떤 장애가 발생하는지를 생각해 보면 반드시 문제 속에서 목표가 발견되기 마련이다. 또 정해진 기준에서 벗어나는 것이 문제가 되더라도, 자신이 기준을 명확하게 하려는 문제의식만 있다면 자연스럽게 문제나 목표가 보이게 된다.

고객의식이라는 문제의식이 있으면 접근이나 서비스 방법에 개선 목표가 보이게 되고, 동작이나 준비시간 등을 절약하려 하는 의식이 있다면 물품 관리 방법에 대한 합리적인 아이디어도 나온다. 시간의식이 있으면 계획적으로 일을 진행할 수 있는 방법이나 회의의 효율화라는 문제도 보이게 된다. 문제의식이 있는 사람은 단순히 매사에 대해서 취미나 관심이 강한 것뿐만이 아니라, 무엇이든 보는 기준과 현상에 큰 차이가 있다는 것을 꿰뚫고 있기 때문이다. 극단적일 경우, 평소에 이상이라는 기준에서 일을 응시하는 사람은 모든 것이 '문제'라고 느낄 것이다. 현상에 건설적인 불만을 갖는 동시에 이상이라는 큰 기준을 갖고 현상을 응시하는 것이 문제의 발견, 목표 발견의 지름길인 것이다.

문제의식을 갖는 일과 동시에 중요한 것으로 문제의 정의가 있다. 문제가 확인되었다고 해도 반드시 창조적 목표로 갖고 갈 수 있는 것은 아니다. 왜냐하면 문제 자체도 애매하고 진짜 문제는 숨겨져 있는 것도 있기 때문이다.

예를 들어, 상품의 재고가 늘어 창고의 공간이 필요하게 되었다. 이 문제에서 '창고의 공간을 넓힌다' 라는 목표를 설정한다고 한다면 단순한 현상 문제를 목표로 했을 뿐 창조적인 목표라고는 할 수 없을 것이다. 이것을 '상품의 재고 변동에 따른 창고 관리와 공간의 이용' 으로 했을 경우에는 창조적 목표가 되며 목적을 달성한 정의가 된다.

또 개발담당자가 소비자의 요구를 힌트로 삼아 기능을 하나 추가하여 상품을 개발했다고 해서 창조적이라고는 할 수 없다. 전체의 부품 수를 늘리지 않고 기능을 추가할 수 없는지를 생각했을 때 발전적인 목표가 된다.

이와 같이 문제에서 목표를 끌어내고 정의할 경우, 보다 발전적인 목표가 될 수 있도록 평상시에 목표를 응시하고 문제발견에 임하는 자세가 무엇보다도 필요하다.

창조활동의 효과는 폭넓은 정보 수집에 달려 있다

정보 수집은 창조활동의 효과와 성과를 올리기 위한 주요 요인의 하나이다. 창조는 이질적인 정보들에서 나오는 것이기 때문에 정보의 양과 질에 따라 창조의 성과가 다르게 접목된다고 말해도 과언이 아니다. 그렇다면 이 정보는 무엇일까? 지식과는 어디가 다른 것일까? 정보란 이미 알려진 행위이며 지식은 알고 있는 상태이므로, 일반적으로 모든 정보는 지식이라고 말할 수 있다. 그러나 정보는 사람과 사람 사이에 전달되는 데이터를 가리키고 지식은 그것이 자신의 것이 된 상태로 구별하는 편이 적절하겠다. 중요한 점은 단순히 알리는 것만으로 정보가 되는 것이 아니라는 점이다. 그것이 사람의 의사결정이나 발상에서 어떠한 영향을 받아 처음으로 정보가 된다.

(1) 창조활동에 필요한 정보(지식)

창조의 프로세스는 '목표 → 착상 → 발상 → 유효화' 이므로, 중대한 목표를 발견하거나 전혀 관련이 없는 것에서부터 힌트를 얻기 위해서는 폭넓은 일반정보가 필요하다. 이 정보는 꼭 서적이나 문헌자료에 의해 얻는 것이 아니라 직접 발로 뛰고 귀로 듣고 하면서 온갖 정보를 체득하는 것이 좋다. 또 발상하고 유효화하기 위한 전문정보(지식)도 빠져서는 안 된다. 최근과 같이 전문분야가 세분화되고 기술도 고도화되는 시점에는 점점 더 전문정보(지식)가 필요하게 된다.

일본인에게 창조성이 결여되어 있다는 지적은 스스로 발상하지 않고 다른 사람의 착상을 바로 수정하여 유효화해 버리는 태도 때문에 생긴다고 할 수 있다. 결국 그것은 착상을 갖고 오는 폭넓은 정보가 부족하기 때문이다. 어느 기업에서는 T자형 능력개발을 추진하고 있는데, 횡으로 폭넓은 기본지식을 갖고 종으로 심화지식을 깊게 하는 일은 창조성을 높일 경우에도 도움이 된다.

(2) 정보수집의 자세

KJ법을 제창한 모 교수는 ① 관련된 정보뿐만 아니라 ② 관계가 있을 법한 모든 정보 ③ 전혀 관계가 없을 듯하나 뭔가 될 것 같은 정보를 모으라고 지적하고 있다.

주어진 과제의 처리나 문제해결을 입증하기 위해서라면 필요한 정보만으로 괜찮다. 하지만 문제나 목표를 발견하거나 힌트를 파악해 나가기 위해서는 전혀 관련이 없는 정보까지 수집해야만 한다. 종종 나중에 그 정보를 모아뒀으면 좋았을 텐데 하고 후회하는 경우가 있다. 그 시점에서 도움이 되지 않는다 하더라도 나중에 도움이 되는 정보가 반드시 있다. 단, 전혀 관련 없는 정보까지 모으려면 양이 산더미처럼 많아지므로 정리방법도 매우 중요해진다.

어떤 사람은 노트나 카드에 기록하는 것은 외우기 위해서가 아니라 잊어버리기 위해서라고 말했다. 사고의 한계를 초과한 것은 카드나 노트에 기록해 두고 검색하기 쉽도록 정리하여 머리를 말끔히 해 두는 것도 좋은 방법 중 하나일 것이다.

(3) 머릿속에 있는 정보를 효과적으로 끌어내는 방법

머릿속에 보관돼 있는 정보는 상상할 수 없을 정도로 많다. 수집한 정보는 우선 내부정보가 되기 때문에 그 양은 이루 말할 수 없을 정도로 크다.

이 가치 있는 막대한 정보를 사용하는 방법으로는 '① 논리적으로 생각하여 떠올린다 ② 이미지에 따라 떠올린다 ③ 기존의 개념과 관련지어서 떠올린다' 를 들 수 있다. 우선 ①은 원리원칙이나 구체적 사상을 통해 생각하는 것으로, 이러한 논리적 사고는 지식을 내부에서 끌어내거나 종합해가는 데 도움이 된다. ②는 이미지로 생각하는 일이나 잠재의식 속에 있는 막대한 이미지 정보를 끌어내는 것에 도움이 된다. 반사나 감각에 의한 사고도 잠재의식에 의해 나오게 된다. 이것들은 이미지이기 때문에 도안이나 그림으로 표현하면서 생각하면 더욱 좋다.

③은 ②와 ①을 결합한 것으로 막대한 이미지 정보를 언어라는 키워드에 따라 표출해 내는 방법이다. 예를 들어, 포드의 자동개폐장치를 개발하는 데 필요한 착상을 얻기 위해서 '열 수 있다' 라는 키워드로 이미지 정보를 끌어내는 방법 등이다.

이러한 외부정보와 내부정보를 다면적으로 수집하여 정보를 절단하고 기계적이거나 강제적으로, 또는 연상에 따라 조합하는 것에 의해 새로운 발상이 태어나게 된다.

인맥을 활용한 정보수집

정보를 효과적으로 수집하기 위해서는 정보원이나 루트가 굉장히 중요하다. 하지만 인간이 처리할 수 있는 정보의 양을 생각하면 저절로 한정된다.

일반적으로 정보원이라고 하면 자신의 일과 관련이 있는 책, 신문, 잡지, 업계지, 사내지, 업계단체의 조사정보 등이 있다. 하지만 가장 중요한 정보원이 '사람' 임을 잊어서는 안 된다.

예를 들어, 대학생이 취직정보를 수집하려고 할 경우 상장회사라면 회사연감, 사계절 정보지, 경제잡지, 유가증권보고서 등을 조사하면 큼지막한 내용들은 알 수 있다. 그러나 회사의 분위기나, 학벌, 인간관계 등에 대해서는 쓰여 있지 않으므로 좀처럼 판단하기가 어렵다. 그런데 그 회사에 선배가 있거나 할 경우 그 사람에게 들으면 구체적으로 가르쳐주기 때문에 손쉽게 정보를 알 수 있다. 비공식적이라고는 해도 가치 있는 정보가 매우 많으므로, 이런 정보가 있고 없고는 의사결정에 큰 영향을 미친다.

따라서 사람이라는 정보원을 통해 얻을 수 있는 정보의 가치에 대해서 재인식해 볼 필요가 있다. 사람에게는 정보가 있을 뿐만 아니라, 그 사람만의 독특한 정보루트를 갖고 있다는 점을 잊어서는 안 된다. 일반적인 정보원에서 공식적인 정보를 얻는 것도 중요하지만, 정보인맥이라고 하는 루트를 확대하고 비공식 정보를 확대해 가는 것도 창조성을 넓히기 위해 중요하다.

한 신문기자에게 "당신의 신문기사는 무슨 정보를 바탕으로 씁니까?"라고 묻자 "라이벌 신문을 포함해 지금까지 쓰인 신문기사와 인맥뿐" 이란 대답이 나왔다. 신문기자라면 많은 정보를 갖고 있을 것이라 생각했지만 이건 전혀 예측하지 못한 대답이었다.

기사를 쓰는 중에 모르는 것이 있으면 그것을 알 만한 사람에게 전화해서 물어본다는 것이다. 신문기자의 생명이란, 많은 정보를 가진 인맥을 어느 정도로 갖고 있는가에 달려있는 것 같다.

사람을 통한 정보는 활자와는 다른 움직임을 보인다. 놀람, 의외성, 중요함, 신선함이라고 하는 정감도 언어와 함께 전해져 온다. 커뮤니케이션의 움직임은 단순히 좋은 일이나 정보의 전달뿐만 아니라, 정보나 감정, 기분전달도 있는데 이것도 의외로 중요하다. 인맥은 모든 정보의 보물창고이다. 과연 우리들은 사내, 사외로 어느 정도 인맥을 갖고 있을까?

인맥은 만들기보다 관리가 더 중요하다

발이 넓은 사람. 사람들은 어떤 문제가 생겼을 때 즉각 도움이 되는 친구를 머릿속에 떠올릴 수 있는 사람을 이렇게 부른다. 물론 그것은 뛰어난 인물이 갖추어야 할 조건 중 하나이다.

필요할 때 즉시 알맞은 인물을 끌어내 손을 쓸 수 있다는 것은, 많은 노력을 들여 쌓아올린 인맥을 지니고 있다는 뜻이다. 그러나 단순히 많은 사람을 알고 있다는 사실이 중요한 것은 아니다. 친구들의 적성과 직종, 직함, 권한을 파악하고 있지 않으면 그런 대응은 어려운 일이다. 즉, 교제범위를 정리하고 교제가 끊어지지 않도록 항상 배려해야 하는 것이다.

사람은 일생동안 수많은 사람들과 교제를 갖는다. 특히 우리나라처럼 학교 교육이 보급된 나라에서 교우관계는 학력에 따라 체계화된다. 주소록은 학교별, 직업별, 사교별로 점차 늘어만 간다. 그 관계는 어떤 이벤트나 찬스에 의해 끊어지기도 하고 다시 살아나기도 한다. 하지만 그것이 실제적인 문제, 즉 현실적인 이해득실 면에서 반드시 도움이 된다고만은 할 수 없다. 교제는 교제, 비즈니스는 비즈니스라는 식으로 묻혀 버리기 쉽다. 그렇다면 아무리 넓은 인맥을 가지고 있어도 현실적으로는 연하장 교환과 파티에서 하는 담소 나누기에나 도움이 되는 정도일 뿐이다.

참된 의미에서 발이 넓다는 것은, 그것이 현실의 사회생활에서 어떤 형태로든 도움이 될 때에만 의미가 있다. 단지 발이 넓기만 해서는 소용이 없다. 언제라도 생활과 업무에 도움이 될 수 있는 교제가 아니라면 단순한 명함 수집과 별 차이가 없다. 비록 소수일지라도 자신을 도와줄 수 있는 인맥을 갖는 것이 중요하다. 그렇지 않다면 자신의 교우관계를 잘 파악하고, 그들에게 어느 정도 시사와 힌트를 줌으로써 필요한 재능과 연줄을 이끌어낼 수 있는가 아닌가의 여부가 중요하다.

주위를 보면, 부탁만 하면 반드시 적당한 인물을 찾아 소개해 주는 사람이 있다. 그 반대로 언제나 많은 사람을 사귀면서도 막상 부탁을 하면 전혀 도움이 안 되는 친구도 있다. 전자는 단지 발이 넓은 것만이 아니라 자신의 소중한 인맥에 늘 충분한 물과 비료를 주면서 키우는 인물이다. 반면에 후자는 단순히 어떤 클럽이나 모임에서 차나 마시며 수다를 떠는 정도의 교제, 즉 만나면 떠들썩하게 인사나 나누고 마는 정도의 얕고 표면적인 교제만 갖는 사람이다. 어느 곳을 가도 아는 사람이 있다는 정도의 교제는 당신에게 별 도움이 되지 못한다.

또한 자신이 상대방에게 정보를 줄 수 있어야 내가 필요할 때 상대에게서 정보를 받을 수 있다. 따라서 항상 필요한 정보를 발굴하여 상대방이 요청하지 않아도 보내주는 여유로움을 가지고 있어야 자신이 필요한 정보를 쉽게 얻을 수 있다.

3) 창조경영을 위한 조직의 역할

창조성은 개발부서나 연구소 또는 디자이너 등 일부 한정된 부서에서만 필요로 하는 능력이라고 치부해 버리는 경우가 많다. 그러나 변화가 극심한 21세기에는 어떤 특정부서의 창조적 노력만으로는 경쟁에서 이길 수 없다. 조직원 전체가 창조성을 결집하고 조직 활동 속에서 창조성을 높이는 활동이 필요하다.

그러나 조직의 목표 설정시에 창조성 항목을 고려하지 않은 경우가 많기 때문에 성과 위주의 평가로 일관하는 조직이 많다. 조직의 성과는 팀워크에 달려 있고 팀워크의 결과는 창조성과 관련이 많으므로, 조직의 역할과 창조성과의 관련을 분석해 볼 필요가 있다.

창조성 개발은 사고력 개발만이 아니라 조직의 관리 형태에 따라 행동화가 좌우되기 때문에, 조직의 역할은 창조적인 결과를 내는 데 매우 중요한 요소 중 하나라고 할 수 있다.

조직 활동의 원동력은 사원 한 사람 한 사람의 창조적 활동에 달려 있다고도 할 수 있다. 그런데 많은 사람들이 자신이 하는 업무 속에서 창조력을 발휘하고 있느냐 아니냐는 잘 알지 못한 채로 업무를 수행하고 있다. 반대로 사람에 따라서, 매일의 업무에서 수많은 문제해결을 위한 창조력을 발휘하며 좋은 아이디어로 칭찬을 받기도 하는 사람도 있다.

창조란 새로운 가치를 이끌어내는 것이고 창조성이란 그 가치를 이끌어 내는 능력과 태도라고 할 수 있다. 따라서 창조성이 있는 사람은 항상 목표 달성을 위한 강한 의지를 가지고 현실과의 갭을 메우려는 행동을 한다. 또한 그들은 다른 사람이 생각하지 못하는 미지의 세계나 새로운 것에 흥미를 갖고 곤란한 점이 있으면 불굴의 의지로 해결해 내는 사고와 태도를 가진 사람이라고 할 수 있다.

그런데 조직 내에 포함된 문제를 해결하려면 조직의 벽을 부숴야 하는 등 해결해야 할 과제가 많고, 상호 모순과 장애를 극복하는 데는 많은 어려움이 있다.

우리 조직은 창조적인가?

직장 생활 속에서 조직원들은 매일 매일 새로운 방식이나 새로운 기술, 발상들을 만들고 있지만, 이것들에 대한 조직의 평가나 대응이 따라 주어야 종업원들이 만족할 수 있고 자신들이 가진 능력을 최대한 발휘하는 노력을 하게 된다.

개발에 관계된 업무를 하는 사람인데 하고 싶은 테마를 할 수 없다든가, 잡무가 너무 많아서 창조력을 발휘할 수 없다는 불평을 하는 사람들이 많다. 미국 심리학자의 조사에 의하면 직장에서 창조적인 일을 하는 사람은 25% 정도라고 한다. 즉 네 명 중 한 명만 창조적인 일을 하고 나머지는 단순 반복 업무에 매달리거나 모방에 힘쓰는 경우라고 한다. 인간은 본래 잠재능력 속에 무한한 창조성을 가지고 있는데도, 그것을 발휘하는 사람은 25% 정도라는 것이다.

조직은 한편으로는 창조성을 발휘하도록 장려하지만, 또 다른 측면에서는 조직의 체계 때문에 제약을 하게 되는 경우도 많다. 따라서 조직운영의 방식을 잘 설계하여 창조적인 인물이 적극적으로 활동할 수 있도록 하여야 한다.

환경의 변화는 조직의 변화를 가져온다

기업 환경의 변화에 따라 조직구조도 조금씩 변화해 왔다. 기업 환경은 조직구조에도 개인의 행동에도 큰 영향을 미치므로 그 변화에 주목해 볼 필요가 있다.

1980년대에는 조직의 구조와 운영이 개별적으로 기능을 발휘한 시대였다. 시장도 확대기조에 있고 경쟁도 기술중심이었기 때문에, 전통적 조직으로서 인간관계를 중심으로 하는 운영이 밸런스 좋게 기능하였다. 조직의 구조에서도 특별히 혁신적인 것은 좀처럼 보기 어려웠으며 눈에 띄는 것이라 하면 일부 사업부제가 도입되는 정도였다.

1990년대에 들어서면서 기업간 분쟁이 격화되었고 이에 따라 조직에서도 '환경으로의 대응'이 제창되기 시작되었다. 부품의 라이프 사이클이 시대에 맞게 짧아져 시장이 세분화되고 시장개발의 필요성이 높아짐에 따라서 조직의 구조가 전문화되어 있는 것의 폐해가 생겨났다.

이 폐해에 눈을 뜬 것은 관리자가 아닌 경영자였다. 경영자의 목소리를 계기로 과제폐지, 프로젝트 팀, 조정역할의 매니저, 그룹 리더제도 등 동태적 조직이 도입되어 조금씩 조직 구조에 변화가 일어났다.

그 동안 개별 관리기법의 도입과 병행하여 맥그리거(Macgregor)나 리처드(Richard), 아지리스(Argyris) 등의 행동과학 논리에도 관심이 기울어졌고, 목표에 따른 관리나 소집단 활동 등도 도입되었다. 기업규모의 확대에 따라서 생기는 사업제도가 더욱 활발하게 되었던 것도 이 시기이다.

2000년대에 들어와 구조불황에서 탈출해야만 했던 기업은 일단 진행된 동태적 조직 만들기나 전략사업부제를 채용하기에 이르렀다. 나아가 부문의 프로핏센터(Profit center)화를 추진하는 한편 혁신활동 차원에서 조직개발이나 직장개발로도 관심을 기울였다. 이때는 조직의 변혁시대라고 할 만큼 격동의 시대였다.

이때는 20세기에서 21세기로 바뀜에 따라 크게 정태적 조직에서 동태적 조직으로 변모하려고 했던 시대였으나, IMF문제나 정치적 문제가 발목을 잡기 시작하여 동태화의 템포를 약하게 하기도 하였다.

이와 같이 기업 환경도 고도성장에서 저성장으로 크게 변화하여 왔고, 조직에서는 '개인의 행동이나 능력이 어느 정도 그 변화에 대응해 가는가' 가 클로즈업되어 왔다. 조직의 급격한 변혁은 기업 환경의 변화에 대응해가기 위한 수단이었으나 그 스피드는 조직 안에서 빠른 변형을 낳았다.

21세기의 직장은 무엇이 바뀌고 있는가?

환경이나 조직의 변화와 개인의 능력, 행동에서 차이는 점점 커져만 가고 있다. 생산성 향상이나 변화에 대한 대응을 하기 위해서 창조성 발휘가 요구되고 있으나 한편으로는 조직의 변혁이 창조성의 진정한 발휘를 저해하고 있다. 이 장애는 어떠한 형태로 현장에 나타나고 있을까?

① 창조적 업무가 감소하여 2차적 업무가 확대되었다
2차적 업무란 판단이나 사후 처리의 성격을 가진 업무를 들 수 있

다. 잡무라고 해도 좋을 것이다. 2차적 업무가 확대되는 현상은 기업의 합리화, 자동화에 의한 것이 크다. 예를 들어, 자동화가 진행되면 고도의 지식이나 기술이 필요한 일과 단순한 일로 양극화되어 간다. 이 양극화가 진전되면서 중간 업무가 적어지고 창조성을 발휘할 수 있는 일도 적어진다. 또, 기업 간의 경쟁이 급격해지면서 전략이나 전술이 매우 세세해져 목표나 문제도 세분화되기 때문에 매력 있는 목표나 테마가 줄어들었다.

관리자 계층의 회의 확대도 이 현상을 나타내고 있다. '시간을 중요하게 생각하는 운동' 의 사무국이 관리자 300명을 대상으로 조사한 결과 하루 일과 중 협의시간이 2시간, 회의와 그 준비에 3시간 이상을 사용하고 있다는 결과가 나왔다. 그리고 그 회의가 창조적이라는 답변은 불과 5%에 지나지 않았다고 한다.

② 업무가 스피드화되었다

상품의 라이프 사이클이 짧아지면 개발 템포가 빨라지거나 비용이나 서비스 경쟁이 심해지면서 더 빠르게 일할 것이 요구된다. 물론, 속도가 빨라졌다고 해서 생산성이 따라서 올라가는 것은 아니다. 예를 들면, 한 부품회사에서는 모회사에서 다종소량생산을 하기 때문에 업무량도 점점 늘어나고 한편으로는 견적이나 설계변경 등으로 2~3회 수정되어 스피드에 방해가 되는 경향이 늘어난다고 한다. 생산성은 변하지 않으나 부수적인 일이 많아지므로 업무가 더 빨라져야만 하는 상황이 되었다.

③ 조직목표와 개인목표에 차이가 생겼다

인간은 본래 창조적인 욕구를 갖고 있기 때문에 조건만 맞는다면 강제적이지 않더라도 스스로 목표를 발견하고 가치 있는 것을 창출해 간다. 그러나 새로운 일을 하더라도 성공은 조직목표에 합치했을 때 비로소 평가되기 때문에 목표는 경영성과 연결되어 있어야 한다.

그러나 기업은 급박한 상황에 처하면 조직목표가 특정한 분야로 한정되어 흘러가거나, 고도한 것 위주가 되기 때문에 그 속에서 자신의 목표를 찾기가 어려워진다.

④ 개인의 창조에서 팀의 창조로 전환했다

IMF 이전에는 개인의 성과가 기업발전에 직접 관여하였으나, 기술이 고도화되고 조직이나 관리의 구조가 복잡해짐에 따라 팀에 의한 창조활동이 필요하게 되었다. 예를 들면, 일의 양극화 현상이 강해져서 고도의 창조성이 필요하게 되었고 필연적으로 팀에 의한 창조활동이 많아졌다. 나아가 일이 다양화되고 복잡해지면 타 부문과의 연계 플레이에 의해 일을 추진해야 하며 점차 팀에 의한 창조활동이 중요해지기 마련이다.

이러한 현상에서는 개인의 창조성 발휘를 다른 측면에서 이행하지 않으면 안 되며 다른 애로사항도 발생하게 된다. 또 팀 활동에 필요한 팀워크나 커뮤니케이션 능력을 높일 필요성도 생긴다.

창조성을 키우려면 자신을 조직에 잘 적응시켜야 한다. 앞에서 우리들 주변에서 쉽게 일어날 수 있는 현상을 예로 들어 보았지만 조직의 일을 능숙하게 움직이게 하면서 창조성을 넓혀가려면 조직에 자신을 잘 적응시켜야 한다.

① 자신의 창조성을 충분히 발휘할 수 있는 직장이나 일을 찾는다

새로운 목표나 과제는 변화 속에서 생겨난다. 현재는 잘 나타나지 않아도 반드시 무언가 변화하는 과정 속에 그 기회가 드러날 것이다. 창조적인 일이 적어졌다고는 하지만 그 기회만 놓치지 않는다면 자신의 힘을 발휘할 수 있는 일은 얼마든지 있을 것이다. 좀 더 극단적으로 말하자면 일을 만들어내는 것조차도 할 수 있다.

그렇게 하기 위해서는 상사나 타 부문에 대해서도 적극적으로 접근하고 자신의 전문영역이나 관심영역을 PR하고 그 기회를 찾아나서는 것 또한 매우 중요하다고 할 수 있다.

② 자기통제를 확실하게 한다

상황의 변화나 문제에 빠져 있으면 목표 자체를 잃어버린다. 보다 창조적인 일에 접근하는 도전 정신을 잃게 되는 것이다. 스피드를 놓치지 않기 위해서도, 확고한 신념에 의한 목표 만들기와 그것을 실시하기 위한 자기통제가 필요하다.

③ 자신의 활동영역을 확고히 한다

무엇이든 흥미를 갖고 있는 것은 창조성에 있어서 매우 중요하다. 하지만 많은 불평을 늘어놓는다면 본래의 힘을 발휘할 수 없게 된다. 자신의 일에 직접 관계가 있는 것에 전력투구하면 2차적 업무의 확대도 막을 수 있고 창조활동에도 전념할 수 있다.

때에 따라서는 스스로 조건을 설정하고 타인에게 '나는 이것과 이것을 한다' 라고 확인시키는 것도 좋다. 어느 연구원은 "내 전문영역과 관심영역은 이것이다. 이것과 관련이 있는 것은 무엇이든 물어보아도 좋고, 문제를(테마)를 가지고 와도 좋다" 라고 선언하고 조직 안에서 자신의 영역을 확대, 확립해 나갔던 예도 있다.

④ 조직을 잘 활용하자

조직 안에서 입장, 역할이 확립되었다면 두 번째로 조직을 잘 활용할 수 있어야 한다. 예를 들어, 자신의 행동을 자유롭게 할 수 있도록 적극적으로 프로젝트 팀이나 임시집단의 멤버가 되는 것도 하나의 수단이 된다. 또 앞의 연구원처럼 자신의 특수한 전문영역을 인정받고 능력껏 폭을 넓히는 것도 좋다.

또는 기존의 제안제도나 회의장을 잘 이용하여 창조성을 발휘할 수 있는 장소를 확대하는 것도 매우 중요하다. 조직에서 창조성은 커뮤니케이션에 대한 의존도가 크다. 팀 활동이나 회의를 최대한 이용하여 정보를 교환하고 상호작용을 통해 창조성에 자극을 받아 움직임을 측정해 가는 것도 중요하다. 요점은 자신을 위해서 조직을 어떻게 활용하면 좋을까를 늘 생각하고 도전해 보는 것이다.

인간은 무언가에 열중하고 몰두해 있을 때만큼 창조적인 삶의 보람을 느낄 때가 없을 것이다. 그러나 쫓고 쫓기고 하는 것에는 본질적인 차이가 있는 듯하다. 조직의 활동에 너무 휘말리지 말고 평상시에 자유롭게 창조적인 목표를 발견해 내고 그에 맞게 추진해 나가는 것이야말로 창조적인 삶의 방식의 출발점이라고 할 수 있다.

조직 속에서 창조력을 강화하는 방법

① 다른 사람이 쉽게 말할 수 있는 분위기를 만들어라

회의를 시작하기 전에 다른 사람들이 말을 할 수 있도록 쉬운 질문을 하라. 어제 있었던 자신의 새로운 경험이나 정치, 종교 외의 스포츠 기사, 연예인 동정 이야기 등 상대방의 관심사항을 질문하여 쉽게 말할 수 있도록 하라.

② 질문의 형식으로 당신 자신의 견해를 시험해 보라

상호 의견 교환이 잘 되지 못하면 질문법으로 대화를 유도하면 좋다. "당신의 경험에 대해 말해보세요." "이번에 어떤 조치를 취해야 한다고 생각하죠?" "핵심이 뭐라고 생각하나요?" 다른 사람에게 말하게 하는 것 이상으로 확실하게 호감을 사는 방법은 없다. "이건 어떻게 생각하세요?"라는 식으로 부드럽게 하고, 강압적인 태도를 취하지 말라. 격의 없는 회의를 하면 더 좋은 아이디어를 얻을 수 있을 것이다.

③ 다른 사람이 하는 말을 귀담아 들어라

귀담아 듣는 것이 말하는 것보다 더 중요하다. 듣는다는 것은 상대방의 메시지가 당신의 마음속에 들어오게 하는 것이다. 하지만 많은 사람들이 사실은 듣고 있지 않으면서 듣는 척하기도 한다. 그들은 다만 자신이 말할 기회를 얻기 위해 상대방이 말을 멈추는 순간을 기다리고 있을 뿐이다. 진심으로 상대방의 말을 귀담아 들어라. 그것이 바로 조직 속에서 창조력을 이끌어 내는 방법이다.

창조경영의 성과를 높이는 회의진행법

조직 활동 중 창조성이 움직이게 하는 방법 중 하나가 회의이다. 조직에 있는 이상 회의는 없을 수 없다. 회의는 창조와 혁신의 장이기도 하며 계발의 장, 정보교환의 장이 돼야 한다. 하지만 대부분 단순 업무처리를 위한 지시, 명령이나 의견청취의 장이 되고 있다.

회의는 정보를 수집하거나 자신의 생각을 검증받거나, 착상이나 발상을 얻는 모든 것을 총합한 장이다. 따라서 보다 창조성을 발휘하고 또 새로운 것으로 이끌어 가려는 태도로 임하는 것이 중요하다. 회의전체에서 새로운 것을 창출해 가려하는 분위기가 높아지면 자연스럽게 참가하는 사람의 창조성도 자극받게 된다.

특히 회의를 주관하는 사람은 리더십이 필요하고 효율적인 회의를 이끌어 가도록 노력해야 한다. 따라서 사회자의 입장이라면 자신을 위해서가 아니라 참가자 전원을 위해서 새로운 것을 이끌어 내려고 하는 분위기를 만들어가야만 한다.

리더십은 권위나 통솔에 의해 움직이는 것이라고 생각하기 쉽지만 그것은 리더십의 일면에 지나지 않는다. 새로운 것을 끌어내려고 리더십을 발휘하는 것이기 때문에, 멤버들에게 그 방향을 제시해주어야 할 뿐만 아니라 리더 스스로도 솔선수범하여 목표를 설정하고 아이디어를 내가는 마음가짐을 가는 게 중요하다. 그런 의미에서 회의에서는 창조적 리더십이 반드시 필요하다.

창조적인 회의가 되기 위해서는 다음과 같은 내용들이 실천되어야 한다.

① 회의의 목적을 정확하게 파악한다

회의에는 반드시 목적이 있기 때문에 그것을 정확하게 파악하지 않으면 의견이 분분해진다. 또한 참석자 전원의 문제의식을 높이거나 집중력을 높이기 위해서도 목적의식은 중요하다. 목적과 테마를

명확하게 제시하고 참가자가 그 방향을 향해 자유롭게 토의할 수 있
도록 하는 것이 중요하다. 다만 회의에는 문제해결이나 발상을 위한
회의 이외에 정보전달이나 의사결정을 위한 회의도 있으므로 회의
의 성질에 따라 가지고 가야 할 방법을 연구해야 한다.

② 회의 중심이 되는 것이 아니라 정리하는 역할, 리드 역할에 충
실해야 한다

참가자의 창조성을 자극해야만 하므로 보다 발전적으로, 상승효
과를 내는 방향으로 리드해 갈 필요가 있다. 또 사회자는 진행에 관
해서도 책임을 저야 하므로 다음 사항도 고려할 필요가 있다.

　─ 목표를 잃지 말고 시간 내에 결론을 도출해 낸다.
　─ 논의는 순서에 입각하여 하며, 비판가를 배제한다.
　─ 탈선을 원점으로 되돌린다.
　─ 전원의 발언을 촉진시킨다.

③ 온화하면서도 엄격한 양면성을 취한다

사회자의 태도는 회의에 크게 영향을 준다. 사회자는 항상 공평해
야 하며 참가자에게 심리적 자유를 주는 따뜻함이 있어야 한다. 또
토의가 생산적으로 진행되는 만큼 개인적 감정의 대립이 일어날 가
능성도 있기 때문에 그것을 우선적으로 우려하는 자세와 일부의 압
력에 굴하지 않는 강한 인내력도 빠져서는 안 된다.

④ 상황을 정확하게 파악한다

회의는 살아있는 것이다. 어느 순간 창조적인 의견이 나올지 잘 모르기 때문에 발언이나 토의의 움직임에 민감하지 않으면 안 된다. 또 건설적인 의견이 나오면 타이밍을 잘 살려 구체적으로 전개시켜 나가는 것도 매우 중요하다. 상황의 변화에 민감하게 반응하며 회의에 임하려면 사회자 자신의 창조적 직관력이 높아야 한다.

⑤ 회의를 궤도에 실을 수 있는 지도기술을 몸에 익힌다

사회자가 순서대로 진행하려고 해도 집단의 움직임을 따라 회의가 생각하지 않는 방향으로 갈 경우가 있기 때문에 장면전환 등의 기술도 필요하다.

회의운영 기술

① 순조롭지 않고 의견이 분분한 회의는 나중으로 한다

회의 중에 비판이 들어오면 창조적이지 못하게 된다. 개인적인 비판 등으로 막막함이 일어나거나 흐름이 끊기는 논의는 추후 다시 하는 것으로 한다.

② 제안의 여부를 급하게 논의하지 않는다

회의 시작에 제안이나 의견의 좋고 나쁨이나 찬성, 반대를 서둘러서 진행하면 내용은 발전하기 어렵다. 회의의 초반에는 의견이나 정보만을 내도록 한다.

③ 사회자의 의견이나 아이디어는 강하게 내지 않는다

회의의 흐름 속에서는 사회자의 의견도 알 수 있게 된다. 사회자 자신에게 의견이나 아이디어가 있어도 참고의견 정도로 하며 강하게 내지 않는 것이 좋다. 단, 참가자의 의견이나 아이디어를 잘 듣고 자신 나름대로 발상해 보는 것은 중요하다.

④ 적당한 유머는 회의진행에 윤활유와 같은 역할을 한다

회의에서는 머리를 식히는 일이나 심호흡, 기분전환도 필요하다. 참가자들이 하는 사고의 움직임, 피로, 신경과민 등을 민감하게 파악하면서 타이밍 좋을 때 유머를 말하는 것도 좋다.

직원들이 회의에 참가하는 기회도 의외로 많다. 쓸데없고 비생산적이라는 생각으로 임한다면 얻는 것도 적다. 하지만 자신의 마음가짐 하나로 다른 참가자로부터 정보나 힌트를 얻을 가능성도 크기 때문에 자신을 위해서라고 생각하고 회의에 임하는 것이 제일 중요하다.

회의전체가 창조적으로 된다면 재미있고 유익한 정보도 많이 얻어갈 수 있을 것이다. 회의는 창조성을 발휘하고 높이는 장이라는

기분으로 임해야 한다.

회의에 참가하는 멤버가 해야 할 일을 요약하면 다음과 같다.

① 건설적이고 긍정적인 발언을 한다

타인의 의견을 부정적으로 듣는다면 결국 판단이나 비판이 나오기 일쑤이다. 타인의 의견을 긍정적으로 받아들임과 동시에 발언을 할 때도 평소에 건설적, 긍정적으로 발언을 하는 쪽으로 마음을 두면 창조성이 높아진다.

② 구체적인 발언을 한다

추상론으로 논의를 하면 그럴싸한 이야기가 나와 회의가 잘 진행되는 듯 착각할 수 있다. 그러나 신중하게 검토를 해보면 발전적이고 창조적인 아이디어가 결여되어 있다는 것을 발견할 수 있다. 내용을 보다 밀도 높은 것으로 만들기 위해서는 구체적인 사상에 입각한 논의를 해나가야 한다. 발언을 할 때에는 반드시 구체적으로 발언한다.

③ 결론을 먼저 설명한다

상황이나 배경을 먼저 설명하면 결론이 뭔지 잘 모르기 때문에 흘려들을 수 있는 위험이 있다. 상황이나 배경설명이 길면 더욱 그러하다. 우선 앞서서 결론을 이야기하고, 그 후에 상황이나 배경을 설명하는 것이 좋다.

④ 사실인지 주장인지를 명확하게 한다

발언에는 체험한 것이나 쓰여 있는 것을 사실로 전하는 경우와 생각이나 아이디어를 주장하는 경우 두 가지가 있다. 이것을 명확하게 구별하여 발언하지 않으면 잘못 이해할 위험성이 있다. 주장인 경우에는 "저의 생각입니다만……"이라고 사전에 제시해 두는 것이 바람직하다.

⑤ 타인의 의견을 귀담아 듣는다

회의에서는 누구든지 발언자가 되고 싶어한다. 타인이 발언을 하는 것을 듣는 중에도 발상을 할 수가 있다. 사람의 이야기를 잘 귀담아 듣는 것은 자신의 의견을 종합하거나 발상하는 것에도 도움을 준다.

⑥ 순간적으로 떠오르는 발언은 머릿속에서 신중히 생각한다

논의에 한창 빠져 있을 때에는 연상되는 의견이나 순간적인 발언이 많아진다. 발상이 회의에 도움이 되는 것이라면 좋겠지만 정해진 주제에서 벗어나게 될 위험도 있다. 순간적으로 떠오른 생각이라면 머릿속에서 신중하게 생각한 후에 발언한다.

⑦ 소수 의견이라도 당당하게 발언한다

소수가 지지하는 의견이 나오면 자칫 내용이 나쁜 것처럼 생각하는 경우가 있다. 그러나 도움이 되는 힌트는 의외로 소수의견 중에 많이 있다. 소수의견이더라도 주눅 들지 말고 적극적으로 발언하도록 하자.

회의 진행방법에 따라서도 회의가 더 창조적으로 바뀔 수 있다. 사회자만이 책임을 지는 것이 아니라 참가자도 적극적으로 그 회의방법에 동참하여 협력해가는 것이 바람직하다. 회의를 창조적으로 하기 위해서 토의조건을 넣거나 진행방법의 순서를 명확하게 하거나 보조구 등을 이용하기도 한다.

창조력을 높이는 회의의 종류

① BS 회의

브레인스토밍(Brainstorming. 이하, BS로 칭함)에 의한 회의이나 단순한 BS가 아니라 그 정신만을 움직이려고 하는 방법을 말한다.

BS에서는 다음에서 설명하고 있는 4가지 규칙을 지키는 것이 중요한데, 특히 ⅰ)번을 강조하여 진행하는 것이 이 회의 방법의 포인트이다. 이것을 강조하면 비판적인 의견이나 개인플레이가 적어져 분위기도 바뀌기 때문이다. 단, 주의해야 하는 것은 자유분방을 너무 강조하지 않아야 한다는 점이다.

　－ BS 회의의 4가지 원칙

　ⅰ) 좋고 나쁨의 판단

　ⅱ) 자유분방을 환영

　ⅲ) 양(量)을 추구

　ⅳ) 타인의 아이디어를 수렴하여 개선

② 역(逆) BS 회의

이는 제너럴 일렉트릭의 자회사에서 생각한 역 브레인스토밍을 회의에 적용한 것으로, 역 BS 회의라고 부른다. 이 회의에서는 비판 엄금의 조건이 없기 때문에 반대로 비판을 하도록 권한다. 단, 이 비판은 건설적 비판이어야 한다. 보통 완성된 시스템이나 제품을 검토하는 회의 등에 적용된다.

　－ 역 BS 회의의 4가지 원칙

　ⅰ) 건설적 비판 환영

　ⅱ) 떨어뜨리지 않고 활용하려는 검토

　ⅲ) 아이디어는 모두의 것이란 생각

　ⅳ) 구체적으로, 발전적으로

③ 2스텝 회의

회의의 흐름이나 사고단계를 분석해 보면 크게 두 단락으로 되어 있다. 그것을 회의에 이용해 가는 것이 2스텝 회의이다. 예를 들면 토의를 개인의 사고 부분과 집단토의 부분으로 나눈다거나, 발언과 평가, 문제점의 추출과 대책검토, 정보수집과 선택으로 나누어 진행해 가는 것이 이 방법이다. BS법을 생각해낸 알렉스 오즈본도 창조력과 판단력을 명확하게 나누는 'GO STOP법'을 제창하였으며, 이것도 2스텝 회의와 비슷하다.

이 2스텝 법으로 회의를 진행하면 문제점이나 의견이 확산되지 않으며 탈선도 적어진다.

④ 서클 회의

이것은 비교적 소수가 참가하는 회의에서 적용하는 방법이다. 참가자가 서클이 되어 각자의 발언을 카드에 기입해 나가기 때문에 발언이 새어 나갈 염려도 없으며 전원참가가 가능하다는 이점이 있다. 또 참가자 전원이 리더이며 멤버인 동시에 기록자라는 점도 보통 회의와 다르다.

회의 진행방법은 간단하다. 예를 들어, 여섯 명이 1시간 동안 회의를 했을 경우, 10분씩 각자가 발언을 기록하고, 50분은 토의에 들어간다. 최초에는 임의의 사회자를 정하여 진행하나 이후부터는 서로 돌아가며 리더 역할을 하게 된다.

서클 회의는 어디까지나 토의 장면을 조작하는 것이기 때문에 발언을 마무리하거나 결론을 내거나 하는 단계가 없다. 따라서 결론까지 구할 경우에는 2스텝 회의와 병행해서 진행해야 한다.

조직 속에서 창조경영의 효과를 높이는 '제안제도'

당신의 회사에도 아마 제안제도가 있을 것이다. 회사에 따라서는 일반제안 외에도 창의연구제안, 가치혁신(VE)제안 등 복수의 제안제도를 실시하는 곳도 많다.

제안제도는 무엇보다 사원에게 문제의식을 갖게 하거나 노사관계를 개선하기 위해 사용된 인사시책이었다. 하지만 저성장 시기에 들어와서는 보다 질 높은 아이디어를 추구하는 수단으로서 각광받아 왔다.

저성장 시기에 들어와 기술혁신이나 자동화가 진행됨에 따라 생산기술이나 관리기술도 변하고 사원들의 업무 질도 크게 변해왔다. 기술혁신은 사원의 숙련도를 추구하고, 말단의 업무가 기계화되었기 때문에 보다 고도인 창조적 업무로의 이행이 진행되고 있다.

이 문제의식을 뒷받침하는 수단이 제안제도이다. 제안에 의해 참가의식을 높이거나, 엄격한 기술이나 경영혁신 속에서 일어나는 불평·불만, 스트레스를 해소하는 역할도 있다. 현재는 보다 뛰어난 아이디어를 구하려 하는 경향이 커지면서 이 제도도 강제화 방향으로 움직이고 있으나, 본래는 자발적인 창조성 발휘의 장이다.

회사가 매너리즘화되는 경향이 있을 때는 개인의 입장에서도 다시 한 번 제안제도의 의의나 효과적인 이용의 방법을 고려해보는 것이 중요하다. 스스로 제안하는 개인의 입장에 서서 제안제도의 이용방법을 생각해 보도록 하자.

창조성 발휘를 위한 '제안제도' 이용 포인트는 다음과 같다.

① '올해에는 몇 건을 제안할 것인가?' 자기 스스로 과제를 준다

제안 건수를 강제적으로 할당하는 기업도 있으나, 스스로 건수를 설정하고 그것에 도전하는 것은 창조성을 자극한다. 수가 많으면 어느 분야에 몇 개를 정하여 분야별 목표를 갖는 것도 재미있다. 또 목표 개수를 매년 늘리고 과거에 자신이 제안했던 숫자에 도전해 보는 것도 달성동기를 자극한다.

② 결과를 목적으로 하지 않는다

제안제도에는 보상이 따르기 마련이나 보상금 등을 목적으로 하면 기대한 결과에서 멀어질 수가 있다. 제안 사무국에서는 수많은 제안 중에서 선택해야 하기 때문에 결국 오래된 것을 떨어뜨리는 경향이 있다. 결과를 얻고자 제안을 한다면 역으로 하고자 하는 의욕

이 감퇴되기 때문에 보다 단순한 의견을 내게 되는 경우가 많다.

또한 직장에는 제안에 대해 부정적인 사람이 있을 수 있으나, 타인의 페이스에 말려들지 말고 소신껏 자신의 주장을 펼쳐 제안하는 것이 좋다.

③ 질에 너무 제한을 두지 않도록 한다

타인과 아이디어의 질을 비교하거나 자기 스스로가 평가해 버리면 창조력이 위축된다.

브레인스토밍의 '양이 질을 낳는다' 라는 생각을 개인에게 이해시키는 것도 중요하다.

④ 타인의 제안에서 힌트를 파악한다

창조는 정보의 조합이며, 정보에 이질적인 차이가 있으면 아이디어는 비약할 수 있다. 발상을 풍부하게 하기 위해서는 타인의 이질적인 정보나 힌트를 효율적으로 이용해야 한다. 타인의 제안을 분석하고, '왜 이 문제가 나왔을까', '같은 예가 내 주변에는 없었나', '그 사람은 어떤 착상에서 아이디어를 냈을까', '나의 과제에 접목시킬 수 없을까' 등 생각하는 것에 따라 자신의 머릿속에서 아이디어를 도출해내는 것도 가능하다.

⑤ 공동제안을 적극적으로 한다

제안제도의 중심은 개인제안이다. 그런데 이 제안은 동료나 동기로부터 무형의 저항을 받을 수도 있다. 그러나 최근 떠오르는 그룹제안이나 공동제안에는 이 폐해가 적다. 직장에서 생기는 문제는 개인의 것이 아니라 사원 전원의 것이고 채용된 아이디어도 모두가 실시하게 되므로 그룹이나 공동제안이 더 자연스럽다고 할 수 있겠다.

팀이나 그룹단위로 생각하고 문제의식을 높이며 아이디어의 상승효과도 생긴다. 친한 동기나 그룹으로 공통테마를 발견하고 상호의 창조력을 자극하면서 발상해가는 것도 좋다.

삼성&도요타 창조경영

초판 1쇄 펴낸 날 : 2007년 2월 8일
초판 2쇄 펴낸 날 : 2007년 5월 3일

지은이 : 정철화
펴낸이 : 이금석

마케팅 : 곽순식·김선곤
기획·편집 : 김애리
디자인 : 박상순
물류지원 : 한순옥

펴낸곳 : 도서출판 무한
등록일 : 1993년 4월 2일
등록번호 : 제3-468호

주 소 : 서울시 마포구 서교동 469-19
전 화 : (02)322-6144
팩 스 : (02)325-6143
홈페이지 : www.muhan-book.co.kr
e-mail : muhan7@muhan-book.co.kr

값 : 10,000원
ISBN : 978-89-5601-166-0 (13320)